Zu diesem Buch

«Amerika landeinwärts» ist der Roman einer verzweifelten Liebe, ein modernes romantisches Epos, ein Buch voller funkelnder Sätze und berauschender Bilder vor dem Hintergrund des mythischen amerikanischen Westens.

«Gerade dann, wenn es um die Schilderung direkter menschlicher Begegnungen geht, zeigt dieser Autor seine größten Stärken: Dialoge, die oft ausgesprochen witzig und dennoch ungekünstelt wirken, sowie die Fähigkeit, sich in seine Figuren so differenziert hineinzudenken, daß sie Eigenständigkeit und eigenes Leben gewinnen können.» («F.A.Z.»)

«Raymond Redfield hat die gleiche erotische Präsenz auf der Buchseite wie James Dean auf der Leinwand.» («Publishers Weekly»)

Robert Olmstead, geboren 1954, wuchs in New Hampshire/ USA auf. Für sein schriftstellerisches Werk erhielt er bereits mehrere Preise. In der Reihe der rororo-Taschenbücher liegen ferner vor seine Romane «Spuren von Herzblut, wohin wir auch gehen» (Nr. 13398), eine «bittersüße Komödie» («Der Tagesspiegel»), sowie «Jagdsaison» (Nr. 13448), «der die prekäre Balance zwischen spannendem Thriller und lyrischer Fabel hält». («The New York Times Book Review»)

Robert Olmstead

Amerika landeinwärts

Roman

Deutsch von Edith Nerke
und Jürgen Bauer

rororo

Rowohlt

Die Originalausgabe erschien 1993
unter dem Titel «America by Land»
im Verlag Random House, New York
Redaktion Thomas Überhoff

*Die Übersetzer danken Anthony Tranter
und Greg Barrett für ihre wertvolle Hilfe*

Veröffentlicht im Rowohlt Taschenbuch Verlag GmbH,
Reinbek bei Hamburg, März 1996

Umschlaggestaltung Walter Hellmann
Gesamtherstellung Clausen & Bosse, Leck
Printed in Germany
1290-ISBN 3 499 13742 9

Für Cindy

Der Autor möchte Amanda Urban und David Rosenthal danken. Ihre Überzeugung und Ausdauer bedeuten ihm mehr, als sie je wissen können.

Und du gehst noch nicht fort
Denn ich weiß genau
Du bist wie ich
Und hast keinen Ort

Noch ist Liebe zu gewinnen
Nein, nichts ist tot
Beschädigt nur
Vergraben tief drinnen

«Drinnen», von Bill Morrissey

1

Da gibt es eine wahre Geschichte von einer Frau in New Mexico und einem jungen Mann, der zu ihr fährt. Sie geht so: Er fährt auf einem schweren amerikanischen Motorrad in Pennsylvania los, oder im Staat New York, eben da, wo er sich aufhält, und im Fahren denkt er: Niemand kennt mich so wie sie, niemand. Sie ist seine Cousine, und sie fehlt ihm sehr. Sie haben sich eine ganze Weile nicht gesehen. Seine Gedanken kreisen um die Last der Zeit, um das Gefühl, jemanden zu vermissen, etwas hinter sich zu lassen.

Sie trägt einen Rock, den sie sich aus den Krawatten ihres Vaters genäht hat. Die meisten sind aus gestreifter oder orientalisch gemusterter Seide; auf einigen prangen Wale. Nicht die albernen mit dickem Kopf, spritzender Fontäne und hochgebogener Fluke, sondern richtige, Pottwale, Grindwale und Schwertwale, die an ihr hochsteigen bis in Hüfthöhe, wenn sie sich auf der Stelle dreht, und sich wieder bis zu ihren Knöcheln hinabsenken, wenn sie innehält.

Doch in dieser Hitze dreht sie sich nicht, nicht in dieser Luft, die wie warmer Talg die Lungen füllt. Sie tupft sich Hals, Wangen und Stirn ab und gibt dann auf, läßt den Schweiß einfach rinnen: zwischen ihre Brüste, unter die Arme und an der Innenseite ihrer Beine hinab. Sie ist nicht hier aufgewachsen. Wo sie aufwuchs, war es kühl und grün und windig, der Wind strich sanft über die Bäume oder wehte Schnee herbei, und jenseits lag der tiefe, tosende Ozean.

Sie wartet auf ihn an der Spüle im blassen, toten Mondlicht, das den Nachthimmel erfüllt. Er ist unterwegs von der Ostküste zu ihr. Sie wehrt sich nicht gegen den Gedanken, daß es immer so ist mit den Frauen; sie stehen wartend an der Spüle, lassen sich kaltes Wasser übers Handgelenk laufen, um ihr Blut zu kühlen, und hören es rauschen. Während die Männer kommen und gehen, kommen und gehen. Sie haben immer so viel zu tun.

Sie wartet auch auf Regen, und wenn er kommt, wird er auf die Erde einhämmern wie kleine Hufe, wird den Staub aufspritzen lassen und ihn in Schlamm verwandeln. Sie dreht den Wasserhahn zu und tapst barfuß über die kühlen, rechteckigen Fliesen. Geht hinüber in das Zimmer, in dem sie schläft. Sie knöpft ihren Rock auf und läßt ihn zu Boden fallen. Dann legt sie sich hin und denkt an Ruhe, an Vergebung.

Sie verspürt Sehnsucht in diesen Tagen, eine Sehnsucht, die ihr wie ein schwerer Kummer die Kehle zuschnürt. Tief durchatmen, sagt sie sich. Atmen. Atmen. Luft. Es ist gut so. So ist's erst mal gut.

*

In Glenrio, New Mexico, hält er an, zum Tanken und Kaffeetrinken, und schließlich frühstückt er auch. Er ist schon ein paar Tage unterwegs. Eigentlich sollte er am College sein, aber das hat er geschmissen und sich einen Job in einem Steinbruch gesucht. Das mit dem Lernen hat ihm gereicht. Er ist jetzt dreiundzwanzig und läßt sich nicht mehr gern sagen, was er tun soll. Als er das College verlassen hat, ist er nach Connecticut raufgefahren, um Juliet zu besuchen, und erfuhr, daß sie nach New Mexico gegangen ist. Darum fährt er nun dorthin, wo es rein ist, unfruchtbar und so trocken, daß das einzige Wasser weit und breit das in seiner Blase ist.

*

Die Frau. Sie geht umher, betastet die Lehmziegelwände und hält sich dabei den Bauch, als wäre sie noch immer schwanger, doch das ist schon eine Weile her.

Sie fühlt sich ausgehöhlt. Sie hatte etwas in sich, das jetzt nicht mehr da ist.

Das Lehmziegelhaus steht zum Verkauf. Die Möbel sind mit weißen Tüchern abgedeckt. Vorne hängt ein Schild mit der Aufschrift BESSER WOHNEN draußen. Was soll das heißen? Am liebsten würde sie den Kerl, der das Schild gemalt hat, umbringen und in kleine Stücke zersäbeln. Der Gedanke an Männer läßt sie erschaudern. Sie zittert, weil sie sich selbst Angst eingejagt hat. Wo ist Redfield, wenn sie ihn braucht? Sie fragt sich: War ich das Kind, oder war ich die Mutter? Wann ist es soweit? fragt sie sich. Schon morgen?

*

Spiegeleier mit Tortilla. Er ist müde, und wenn er müde wird, fängt er an, vor sich hinzustarren und in sich selbst zu versinken, immer tiefer und tiefer. Er rutscht auf dem Stuhl hin und her, versucht sich wachzurütteln, sich bequemer hinzusetzen. Er war lange unterwegs, und seine Rippen bringen ihn um. Sie sind mit einer weißen Binde umwickelt, seit er im Steinbruch zwischen zwei Schaufelladern eingeklemmt wurde. Ganz sachte haben sie ihn zusammengequetscht, bis er am liebsten gestorben wäre, aber er hat nicht den Mund aufgemacht, damit dieses kurze Flackern, sein Leben, nicht entweichen konnte.

*

Du kennst diese Geschichte und möchtest, daß sie von dir handelt, daß sie deine Geschichte ist.

2

Als Juliet nach Westen kam, hatte sie den Klapptisch ihrer Großmutter dabei. Zerlegt und in eine Reisetasche gepackt. Es blieb nicht viel Platz für andere Dinge, aber das machte ihr nichts. Sie war allein und im achten Monat schwanger, und sie flog nach Albuquerque, um ihr Baby zur Adoption freizugeben.

Jetzt denkt sie an den in einer Ecke verstauten Tisch und rührt dabei ein Chili con carne zusammen: Hackfleisch, Bohnen, Zwiebeln, Paprikaschoten, Chilipulver, Cayennepfeffer, Chilischoten, Kumin, Oregano und Knoblauch. Ihr Cousin Redfield ist auf dem Weg zu ihr, und er wird Hunger haben. Er hat sie von unterwegs angerufen und gesagt, er sei kurz vor Poteet, habe aber eine Abfahrt verpaßt.

Er sagte: «Juliet?»

«Ja.»

«Ich bin's, Redfield. Ich bin bald da.»

«Beeil dich.»

Vielleicht kriegt Redfield den Tisch wieder zusammen. Er hat so geschickte Hände. Als ihr die Großmutter den Tisch gab, hat sie gesagt: Paß auf, wenn du Halt suchst, daß du dich auf was Solides stützt. Das hier, das ist ein solider Tisch.

Als ihr Verlobter sie sitzenließ, hat er zu ihr gesagt: Ich wünsch dir ein goldenes Erwachen und eine ruhige Zukunft.

Ehe sie nach New Mexico ging, hat ihr Vater gesagt: Eine Tochter zu haben ist wie eine Nadel im Herzen.

Wenn Redfield hier ist, wird sie ihn bemuttern. Sie wird ihm viel Knoblauch zu essen geben. Knoblauch enthält verschiedene flüchtige Schwefelverbindungen. Das wird seinen Blutdruck und den Cholesterinspiegel senken. Sie weiß nicht, daß er verletzt ist, und ebensowenig, daß er das College abgebrochen hat. Es ist auch gleich. Sie braucht ihn, hier und jetzt.

Der Duft des Chili macht sie benommen. Sie beendet gerade eine Fastenwoche. Wollte ihre Seele reinigen. Ihre letzte Mahlzeit war eine Cashewnuß.

Im Radio läuft Patsy Cline, «Crazy» und «I Fall to Pieces». Juliet kam auf die Welt, als Patsy Cline starb. Redfield kam auf die Welt, als Martin Luther King gestorben war. Für Juliet ist Patsy Cline die Allergrößte, und jedesmal wenn sie die «I-Have-a-Dream»-Rede hört, kommen ihr die Tränen.

Sie schaut aus dem Fenster, versucht die Erdkrümmung zu sehen. Aber die ist heute nicht da, jedenfalls nicht, wo sie in ihrer Erinnerung war. Vielleicht morgen wieder.

Ihre Tage sind überfällig. Das geht jetzt schon seit zehn Monaten so. Das Fasten und die Schwangerschaft haben nicht viel geholfen. Außerdem hat sie gehört, daß alle Tampons nach Saudi-Arabien geschickt wurden, um Einschußlöcher zu verstopfen. Geht schneller als verbinden. Aber inzwischen müßten sie wieder dasein.

«Ich glaub, allmählich komm ich drauf, was mein Problem ist», flüstert sie. «Ich glaub, ich bin eine Pflanze. Phototrop, oder wie das heißt. Ich wachse der Sonne entgegen.»

Sie sieht sich im Raum um, sucht nach ihrer Stimme, streicht sich das Haar zurück. Sie fühlt sich so schwach, daß sie sich auf den kühlen Boden sinken läßt, auf den Bauch, die Wange gegen die Fliesen gepreßt. Sie kann ins Unterteil des Küchenschranks sehen, wo eine Schachtel

Cornflakes umgekippt ist. Sie klaubt die verstreuten Cornflakes auf und schiebt sie sich in den Mund, kostet den Geschmack, läßt sie zergehen, schluckt sie schließlich.

Dann versucht sie sich an ihre letzte Begegnung mit Redfield zu erinnern, doch das ist schwierig. Ein Kind zu gebären bedeutet Zukunft und schließt die Vergangenheit ab. Jetzt hat sie weder Vergangenheit noch Zukunft. Ist einfach da, wo sie ist. Wenn die Erinnerung der Himmel ist, muß das hier die Hölle sein.

Draußen sieht man den Berg. Warme Aufwinde türmen meilenhohe Wolken in den Himmel. Über dem Kamm zukken grelle Blitze aus Gewitterwolken. Manchmal umgibt ein Wolkenkranz, eine Wolkenkrone den Gipfel. Und hier unten kommt kaum ein Regentropfen an. Die Luft ist mehr als lichtdurchlässig hier draußen, richtig durchscheinend ist sie. Wenn es dunkelt, nimmt der Berg die Farbe einer Wassermelone an.

«Ich bin noch viel zu jung, um mich so verdammt alt zu fühlen», sagt sie, während sie noch ein Cornflake kostet und allmählich Gefallen am Echo ihrer Stimme findet.

Sie seufzt, dann kommt ihr eine Idee. Sie greift lächelnd unter ihr T-Shirt und tastet nach einer Brustwarze. Dreht sie zwischen Daumen und Zeigefinger, zieht und drückt an ihr herum. Als ihre Hand naß wird, leckt sie sich die süße Milch von den Fingern.

Redfield wird bald hier sein. Dann können sie einander erzählen, was sie erlebt haben. Wie geht's, und was hast du so getrieben? werden sie einander fragen. Sie denkt, wenn Redfield hier ist, wird alles besser.

Wieder greift sie sich unters T-Shirt, und diesmal schläft sie mit der Hand an der Brust ein.

*

Redfield stellt den Motor ab und tritt hinaus in die Wüste. Hier war er noch nie. Er hat sein Leben in den Wäldern des Nordostens verbracht, wo die Erde schwarz ist und der Lehm dick und wo sich Felskuppen wie Fingerknöchel aus der Landschaft erheben. Doch dieses Land hier breitet sich in schamloser Grenzenlosigkeit vor ihm aus. Es ist wie der Ozean oder der Winter im hohen Norden. Kein Ort für schwache Gemüter.

Die Wüste sagt, laß dich mit mir ein, und dein Leben ist verwirkt.

1948 ist sein Vater hier vorbeigekommen. Zusammen mit einem Freund aus der mörderischen Kälte des Staates New York, um den Verheißungen Südkaliforniens entgegenzufahren. Sein Vater war damals achtzehn und hatte nicht viel Geld, sein Freund aber wohl. Er war gerade aus der Armee ausgeschieden und konnte die sechshundert für einen nagelneuen gebrauchten Nash hinlegen.

Sein Vater wollte Künstler werden, aber jetzt hat er's zu ein bißchen Wohlstand gebracht und ist etwas durchgedreht, wie die Leute sagen. Er trinkt seinen Kaffee mit gesüßter Kondensmilch, leidet unter Migräne und macht sich Sorgen wegen elektromagnetischer Felder. Er sieht sich Fernsehsendungen über Männer an, die andere an ihren Gefühlen teilhaben lassen. Männer, die sich dazu an verschiedenen Orten treffen. Männer in ganz Amerika, die zum erstenmal ihre Gefühle mit jemand anders teilen. Mein Gott, wie sehr kann einer abdrehen?

Die Müdigkeit dringt Redfield in die Knochen. Sie kriecht in jedes Gelenk, nagt an jedem Muskel. Sein Kopf ist wie leergefegt vor Schmerz, ein heftiger, klaffender Schmerz, aber er ist hellwach. Er hat in die Flamme geschaut. Mit den Augen eines Schweißers. Er fährt dieselbe Straße entlang wie damals sein Vater.

Er heftet den Blick auf die Sonnenblumen am Mittelstreifen. Wenn Amerika Gottes Golfplatz ist, denkt er, dann ist das hier sein Sandbunker.

Vergangene Nacht hat Redfield erst wach, dann schlafend in der tintenschwarzen Nacht gelegen, weil er ein bißchen Ruhe brauchte, sich auf dem Motorrad selbst nicht mehr traute. Er versuchte in Amarillo ein Zimmer zu kriegen, aber es war nichts mehr frei. Am Morgen erwachte er zwischen Rudbeckien und Kiefern, die niedrig waren und gedrungen, rund und schwarz. Der Boden war rot geworden, und bauchige Felsnasen ragten heraus. Es gab Baumgruppen mit traurig herabhängenden Ästen, die Spitzen staubig und rosa. Wo bin ich hier nur, fragte er sich. Und dann, wie in etwas Erinnertem, war er in der dorren Wüste und fuhr am Rand der Roßbreiten entlang.

In Corrales wartet Juliet auf ihn. Irgendwas stimmt nicht, aber er weiß nicht was. Er zwingt sich wieder auf die Harley und brettert nach Tucumcari. Das Land erstreckt sich meilenweit vor ihm, und er kann sehen, wo er in einer halben Stunde sein wird, weit vorne am Horizont, wo der Highway verschwindet. Er spürt die Versuchung, von der Maschine zu steigen in die durchscheinende Luft, eine Weile nebenherzurennen. Eine solche Chance kriegt man nicht oft im Leben.

Er ist froh, in New Mexico zu sein, ohne Helm, die Haare hinter sich flattern und sein Gesicht bräunen zu lassen von der Sonne und dem Wind, den er allein durch seine Bewegung in der sonst stillen Luft erzeugt, während er dieses Stück Atmosphäre durchschneidet.

Vor ihm liegt der Tucumcari Mountain, lange Zeit ein Orientierungspunkt für Reisende entlang dem Canadian River. Pedro Vial erwähnte ihn 1793, als er auf der Suche nach dem besten Weg von Arkansas nach Kalifornien einen Trail von Santa Fe nach St. Louis erschloß. 1849 führte Captain Randolph P. Marcy einen Stoßtrupp hier vorbei.

Das alles liest Redfield auf einem Schild. Er meint sich zu erinnern, daß Ronald Reagan dabei war, entweder bei diesem Stoßtrupp oder im Film. Er kann sich vorstellen, daß die Apachen ganz aus dem Häuschen gewesen sein müssen.

Beim Frühstück in Glenrio hat er sich ein bißchen von dem Speed von Old Black Dog genehmigt, um wieder auf Touren zu kommen. Er hat sich die Pille auf der Zunge zergehen lassen, ein Geschmack wie hartes Wasser aus einer rostigen Leitung.

Er denkt, er muß bald davon runter. Solche Gedanken geben ihm das Gefühl, seine Gesundheit unter Kontrolle zu haben, aber er konnte noch immer nichts essen, und obwohl er keinen Durst hatte, zwang er Kaffee, Saft und Wasser hinunter. Er hat Angst vor dem Austrocknen. Muß an die Geschichte von seiner Großtante denken, die er von seinem Vater kennt. Die war mit vierundachtzig durch eine Bodenklappe gefallen, hatte zwei Tage lang mit gebrochenen Beinen dort unten zwischen den Leitungen gelegen, ehe man sie fand, und war eine Woche danach im Krankenhaus an Dehydratation gestorben. So geht's manchmal.

Der Schmerz an den Rippen ist jetzt anders, folgt ihm überallhin, neugierig, wohin er geht, rempelt ihn an, wenn er stehenbleibt.

Als er im Steinbruch um ein Haar zerquetscht worden wäre, hatte sein Vorarbeiter Ronnie Dove gesagt, wenn er den Mund hielte, würde er sechs Monate seinen Lohn weiterbekommen. «Gebt mir die Knete gleich», hatte Redfield entgegnet, «bar auf die Hand, und ihr seht mich nie wieder. Bar auf die Kralle, und ich lös mich in Luft auf.»

«Wenn du nicht die Klappe hältst, sind die Ironheads dran.»

Redfield lachte. Er würde schon die Klappe halten. Er

mochte die beiden. Big und Little Ironhead waren ziemlich zugedröhnt gewesen auf den Maschinen, die ihn eingeklemmt hatten. Big Ironhead ist der Vater und Little Ironhead der Sohn. Big ist klein, und Little ist groß, so kamen sie zu ihren Namen. Sie waren seine Freunde. Es war nur ein dummer Unfall gewesen, einer zuviel.

«Verpiß dich», hatte Ronnie Dove damals gesagt. «Komm am 1. August nach Poteet, wenn nicht, geht's dir dreckig.»

Scheiß auf Ronnie Dove. In Poteet roden sie die Trasse für eine Hochspannungsleitung, Hunderte von Meilen durch wüstes Land.

Man muß sich über so vieles Gedanken machen in diesem Leben.

Er fährt die I-40 lang, auf der Trasse der alten Route 66, irgendwo zwischen Santa Rosa und Moriarty. Er kann zehn Meilen weit sehen. Wieder überkommt ihn das merkwürdige Verlangen, mitten in der Fahrt abzusteigen. Er fährt rechts ran, schiebt die Cowboy Junkies in den Walkman und will einfach seine Ruhe. Klettert auf staubige Felsblöcke mit gelbem Wüstenmohn und Lupinen in den Spalten.

Er setzt sich und vergißt für eine Weile, daß er verletzt ist, ja tot sein könnte. Dasselbe hat er mal bei John Wayne gesehen. Daß der Duke eingequetscht wurde. Es war bloß gestellt, Kino eben. Aber das Blut sah ziemlich echt aus. Merkwürdig, wie tröstlich solche Gedanken sein können. Vor allem für junge Menschen, die noch nicht viel gelebt haben, und für alte, denen es reicht.

Er sieht den Autos auf der Interstate nach, lauscht dem Dopplereffekt bei den Trucks, pult mit dem Messer an einer Schwiele herum. Das Motorrad hat er etwas versteckt abgestellt. Er kann es sehen. Es ist ein Kompaß, der nach Westen zeigt. Juliet wartet. Bei ihr wird alles besser. Sie ist das Licht, hat alle Antworten. Mit offenen Augen döst er in der Abendsonne, träumt einen grünen Traum, gleitet in einen Speed-

Schlaf. Er denkt an die Bücher aus der Bibliothek, die er nicht abgegeben hat.

«Sie werden dich aufspüren», murmelt er, und dann verliert er das Gleichgewicht, kippt von seinem Felsblock hinab auf einen anderen.

3

Am Abend vertreibt das Sonnenlicht fast alle Farben bis auf die verschiedenen Rotschattierungen. Sie sitzt hinter einem weißen Trailer an der unbefestigten Straße, wo weiße Bäume auf trockenen Stümpfen blaß in die tote Luft ragen. Die Straße ist bald rot, bald schwarz, und wieder rot.

Sie sitzt mit gespreizten Beinen auf einer Bank neben der offenen Tür und wiegt Gänseblümchen in ihrem türkis, rot, lavendelblau und grün gestreiften Rayonrock. Nachdem sie etwas gegessen hat, geht es ihr besser. Sie hat den Rock in Albuquerque gekauft, zusammen mit einem anderen, in Blau und Senftönen mit goldenen Metallfäden, und noch einem aus schwarzem Chiffon mit aufgestickten goldenen Rosen.

Sie träumt, er kommt mit einem Raumschiff, das hinter sich die Welt ausradiert. Er kommt aus Oklahoma, hat von einem Job in Poteet gehört, aber dann eine Abfahrt verpaßt, und jetzt kommt er. Kommt zu ihr wie Radiowellen, wie Radar, wie Röntgenstrahlen. Sie will ein bißchen vor sich hinträumen, will jemand sein, der sich alles ausdenkt. Will auf keinen Fall weinen.

In diesem Augenblick hört und sieht sie Redfield auf seinem Motorrad heranbrausen, sieht hinter ihm rote Staubpferde hochsteigen, und dann ist er da, kommt direkt vor ihr zum Stehen.

Er sitzt auf der Maschine, die linke Hand auf dem linken Oberschenkel, den rechten Unterarm auf dem rechten. Sein

Haar klebt am Schädel wie Entengefieder, und sein Gesicht ist rot und verbrannt, fleckig, als wäre eine Schleifscheibe darübergerutscht. Der Motor tickt leise beim Abkühlen, und die Hitze steigt sichtbar zwischen seinen Beinen hoch. In seinem Körper zuckt es. Sie starren einander an, lächeln, sind die Helden ihres Lebens. Sie denkt, er ist als Vision aus dem Wald aufgestiegen, und er denkt, sie ist die Muttergottes selbst, mit von der Sonne ausgebleichtem Haar, Haar wie Sonnenflecken, wie Blütenstaub im Wind, wie Pusteblumen.

«Hey, pretty baby», beginnt er. «Ich wär schon früher hier gewesen, aber ich hab mich an der Ostküste verfahren.»

«Redfield, du amtlich anerkanntes globales Arschloch.»

«Was für ein Augenblick. Wer braucht da noch das Kino?»

«Ich nicht.»

«Ich komme aus dem gelobten Land», sagt er. «Aus Bethlehem und Nazareth, Pennsylvania. Ich spüre, daß das Licht des Herrn mit seiner Wahrheit auf mich scheint.»

«Das ist gut, ich hab nämlich ein dringendes Bedürfnis nach Lügen.»

«Die kriegst du später zu hören. Jetzt brauch ich erst mal Schlaf», meint er. «Bin hundemüde, seit Tagen auf den Beinen.»

Sie schiebt ihre Schulter unter seinen Arm, und wie zwei Betrunkene gehen sie durch die offene Tür ins Haus, durchs Wohnzimmer und über den Flur zum Schlafzimmer, sie barfuß mit leisem Tapsen, er in Stiefeln mit schwerem Tritt, lautem Schlurfen und Kettengeklirr. Sie drückt ihn rückwärts aufs Bett und beginnt Reißverschlüsse, Knöpfe und Gürtelschnallen zu öffnen. Als sie unter seinen Kleidern auf die weißen, verschwitzten Binden stößt, holt sie tief Luft und schrickt zurück. Seine Augen sind offen, doch ihr ist nicht klar, ob er etwas wahrnimmt. Sie zieht ihm die Stiefel von den Füßen und läßt sie fallen.

«Kurz vor der Abreise bin ich ein bißchen demoliert worden, aber das hat mich nicht abgehalten. Ich wär schon früher hier gewesen, aber ich hab erst in der achten Klasse gelernt, die Uhr zu lesen.»

«Wie hast du das denn gemacht?»

«Kein Problem», sagt er durch zusammengebissene Zähne. «Kam von ganz allein, als ich auf den Bus gewartet hab.»

Sie schüttelt den Kopf und verdreht die Augen, dann zieht sie ihm die Jeans aus.

«Ich glaub, ich muß mal pinkeln.»

«Das Bad ist da hinten.»

«Nein, lieber draußen. Hilf mir.»

Der dickbauchige Mond wiegt sich jetzt in seiner ganzen Fülle in den schwarzen Baumwipfeln, dümpelt über den blaugeäderten Nachthimmel. Die beiden sind kalkweiß, und ihre nackte Haut prickelt in der Hitze, Schweißperlen tanzen darauf. Hier draußen ist jeder Stern ein kleiner Teich.

Er geht langsam, die Arme dicht am Körper, aus Angst, wenn er sie schwingen läßt, werden ihm die Rippen wieder weh tun. Er kann sich nicht vorstellen, je auf dem Motorrad gesessen zu haben. Er kann sich nicht vorstellen, an diesem Ort abgestiegen zu sein, wo die Felsen zu Staub geworden sind und der Sand fein ist wie Schwarzpulver. Eine Sekunde lang denkt er, ein Streichholz und alles hier würde in die Luft fliegen, dann sagt er ihr noch mal, daß er pinkeln muß.

«Dann mach», erwidert sie.

«Ich glaub, ich hab meinen Rippen zuviel zugemutet. Ich komm nicht so weit runter. Sobald ich mich nicht mehr bewege, werd ich steif.»

Sie tritt wortlos hinter ihn, greift mit dem Arm um seine Taille nach unten und hält ihn ab. Es dauert eine ganze Weile. Sie spürt, wie es in seinem Bauch arbeitet, schließt die Augen und hält ihn ab, während er einen roten Strahl in den ockerfarbenen Staub pinkelt.

«Das ist ja ein hübsches Pipi.»

«Ich glaub, ich sterbe», sagt er mit knirschenden Zähnen, und sie brechen beide in Gelächter aus.

«Manchmal bist du so verdammt cool, Redfield.»

Als sie wieder im Haus sind, legt sich Redfield hin. Sie legt sich ebenfalls aufs Bett, schmiegt sich an ihn und läßt den Kopf unter seinem Arm verschwinden. Die Kinnlade tut ihm weh vom Zähneknirschen. Sein schweißüberströmter Körper bebt wie eine Gitarrensaite, aber er weiß, er wird bald zur Ruhe kommen. Feuchte Luft ist kühle Luft, summt der Verdunstungskühler.

Juliet redet. Er hört ihre Worte, fern und verschwommen, als kämen sie aus seiner eigenen Brust.

«Ich will nicht zurück dorthin, wo alles so grün ist. Ich möchte hierbleiben, wo alles braun ist und ocker und weiß. Mir gefällt es hier, wo man allein ist zwischen Erde und Sonne. Ich liebe die Sonne.»

«Nicht zurück», murmelt Redfield.

«Du bist toll», meint sie. «Du bist so nett, und du siehst gut aus. Wenn du mich anfaßt, krieg ich weiche Knie.» Und dann sind sie beide vor Erschöpfung eingeschlafen.

In dieser Nacht schiebt sich eine große Nebelbank über die Sandia Mountains heran, eine milchige Wand, die den dreitausend Meter hohen Kamm noch um mehrere hundert Meter überragt und wie ein Wasserfall herabflutet.

In dieser Nacht träumt er, daß er müde ist. Träumt vom Motorradfahren und von seinen Freunden: Old Black Dog, Little Ironhead und Big Ironhead. Sie sitzen in El Paso vor Old Black Dogs Trailer um einen Haufen Speed herum, Thrusters und Rippers und reinster Texas grit. Old Black Dog erzählt ihnen, wenn er in Rente geht, will er nach Soweto und bei der Revolution mitmachen, Weiße wie sie umbringen. Er war in Korea, Vietnam und Angola. Die Ironheads meinen, sie würden gern mitkommen, doch Old Black

Dog sagt, das geht nicht, und sie sind enttäuscht, weil sie eine ganze Menge Waffen haben und gute Schützen sind. Später kommt Jimmy Carter vorbei, und sie bauen zusammen ein Haus. Als es fertig ist, geht Redfield hinein und trifft auf seinen Vater, der allein im Dunkeln sitzt.

Du lieber Himmel, sagt er. Was machst du denn hier?

Sein Vater erwidert, wenn man lange genug im Dunkeln sitzt, kann man alles sehen.

Noch im Schlaf beschließt Redfield, sich diesen Traum zu merken, doch er ist zu müde und wacht noch lange nicht auf, und so vergißt er ihn ganz. Auch Juliet vergißt ihre Träume, nach langer und sorgfältiger Überlegung.

*

Am Morgen wird sie Frühstück machen, und er wird ihr erzählen, daß er doch eben erst gefrühstückt hat.

Sie wird ihm sagen, daß das schon zwei Tage her ist, wird eine Tortilla in die Pfanne tun und anfügen: «Eine Frau in Las Palmas hat ein Christusbild in so ein Ding gebacken.»

«Jesus war 'n cooler Typ», wird er sagen.

Sie wird unverwandt auf das schwarze Gußeisen starren, um ja nichts zu verpassen, falls ihr gerade heute morgen der Heiland erscheint. Sie glaubt noch an so was.

«Schon zwei Tage?»

«Genau, du hast zwei Tage lang geschlafen.»

Sie wird von der Hüfte abwärts praktisch nackt sein, und er wird von hinten ihre Beine betrachten, wie bei jeder Bewegung die Muskeln spielen, wie sie den Po anspannt und wieder lockerläßt, wenn sie das Gewicht verlagert. In seinen Augen ist sie ein Brillant, langbeinig und verspielt, träge und lasziv. Er ist noch jung, denkt noch so, lebt noch mit den althergebrachten Vorstellungen von der Liebe und den Frauen. Gewährt diesen Gedanken Zuflucht, als wäre die Polizei hinter ihnen her.

Doch im Moment schläft er wie ein Stein, mit einem schwachen Heben und Senken des Brustkorbs, und Juliet ist so besorgt, daß sie immer wieder aufwacht und ihn anstupst wie ein Arzt.

Er schläft tief und entschlossen, sich ja nicht zu bewegen, sich ja nicht weh zu tun.

4

Als Redfield Connecticut verließ, war er noch nicht entschlossen, in den Westen zu fahren. Er wollte bloß auf die I-95 Richtung Süden. Auf der Höhe von New York sagte er zu dem Kassierer an der Mautstelle: «Starkes Stück, daß ihr Geld dafür verlangt, wenn man die Straße benutzen will.»

«Sag bloß», meinte der andere. «Ich wollt hier nicht mal lang, wenn ich Geld dafür bekäm.»

«Wie bitte? Du kriegst doch Geld und bist auf dieser Scheißstraße!»

Hinter Redfield hupte es, und Scheinwerfer blitzten auf.

«Na ja, wahrscheinlich hast du recht», meinte der Typ, bückte sich und war nicht mehr zu sehen.

Redfield malte sich aus, daß er auf einen Knopf drückte, um ihm die Polizei auf den Hals zu hetzen.

Dann war er weg. Er träumte, daß seine Cousine Juliet ihren Freund verließ und nach Conquest auf die Farm kam. Es war Sommer, und er war da. Sie standen auf der Veranda und sahen einander an. Diesen Traum ließ er immer wieder ablaufen, bis er in Pennsylvania war.

Connecticut war eine Pleite gewesen. Juliets Ex-Freund erzählte, sie sei nach New Mexico gegangen, um zu lernen, wie man Schmuck herstellt. Redfield sagte immer nur: «Klar.»

«Sag ihr, daß ich sie liebe», bat der andere.

«Du liebst sie, klar», entgegnete Redfield.

Bei einem Truck-Stop fuhr er raus und stellte das Motorrad so nah am Eingang ab, daß er es im Blick behalten konnte. Auf dem Parkplatz dröhnten leerlaufende Lkw-Motoren. Starke Suchscheinwerfer rissen brummend und wattstark die Nacht auf. Drinnen war es ruhig, und alle Tische waren besetzt, also holte er sich einen Automatenkaffee und setzte sich zu einem einzelnen Schwarzen an die Theke.

«Kann ich was für dich tun?» fragte der Schwarze. Redfield gefiel seine Aussprache.

«Nein, ich wollt mich nur hinsetzen.»

«Was willst du?»

«Na, ich bin ziemlich fertig und müde. Kann kaum noch die Augen aufhalten.»

«Paß auf, daß du dich mit dem Kaffee nicht vergiftest.»

«Ich spür's schon. Hast du gewußt, daß Coleridge vierundachtzig Tassen Kaffee am Tag getrunken hat?»

«Leck mich, der muß 'n eisernen Magen gehabt haben.»

«Er hat seine Träume in Gedichte verwandelt.»

«Aha. Und sein Arschloch war bestimmt aus rostfreiem Stahl.»

«Rostfreien Stahl gab's damals noch nicht.»

«Rostfreien Stahl gibt's schon so lang wie die Welt, mein Junge, seit 1920 oder so.»

«Hast du's noch weit?»

«Wenn ich hier leben würde, wär ich schon zu Haus.»

«Bin ziemlich müde», sagte Redfield und sah zur Seite. «Wie haltet ihr Trucker euch bloß wach?»

«Da kann man 'ne Menge machen, mein Junge. Schlafen. Keine schweren Mahlzeiten. Eiweißreiches Essen. Nichts außer Kaffee trinken. So 'ne Tasse hält drei Stunden vor. Lockere Unterwäsche anziehen, hin- und herrutschen, die Instrumentenbeleuchtung dämpfen, jede Stunde anhalten. Keine Antihistamine, keine Beruhigungsmittel, kein Valium, keine Tranquilizer oder Antidepressiva und keine Milch.»

«Keine Milch?»

«Wenn du Milch trinkst, schläfst du ein. Mach einen großen Bogen um die Riesensattelschlepper, da mußt du mit allem rechnen. Paß da bloß auf. Eigentlich sind ja nach acht Stunden Fahrt vier Stunden Schlaf vorgeschrieben.»

«Und was machst du?»

«Ich schluck meine Pillen und denk an dünne Weiber mit dicken Ärschen.»

Redfield nickte und setzte sich zurück. Sie sahen die Trucker kommen und gehen.

Nach einer Weile machte ihm der Schwarze ein Zeichen, und Redfield folgte ihm hinaus zu seinem Sattelzug. Es war ein glänzendschwarzer Kenworth mit der Aufschrift *Old Black Dog*.

«Wart mal 'n Moment», meinte Old Black Dog und verschwand nach hinten.

Als er wieder auftauchte, steckte er Redfield eine Tüte in die Tasche.

«Ist das nicht ein bißchen riskant?» fragte Redfield.

«Ich hab dich in Connecticut gesehen. Hab gehört, wie du's dem Kerl an der Kasse gegeben hast.»

«Woher weißt du, daß ich das war?»

«Ich weiß alles. Hab dich gesehen.»

«Ich heiße Redfield, und du?»

«Dog paßt nicht schlecht. Hab an genug Arschlöchern geschnuppert.»

«Man sieht sich, Dog.»

«Wohl kaum. Ich bin so gut wie weg, in El Pisso, da wartet mein Baby, die will auf meinen Schoß.»

Am Horizont zuckten Blitze, warfen Lichtwirbel gegen die schwarzen Wolken. Es ist gut, hier zu sein heute abend, zusammen mit Old Black Dog.

Er trat zurück, als Old Black Dog zum Führerhaus hochstieg. Sie sahen einander nicht mehr an, als die Bremsen zischten und der Sattelschlepper mit einem Ruck anfuhr und seine Ladung zum Highway zog.

Als Redfield den Susquehanna überquerte, war es schon fast Mitternacht. Er verließ die Interstate und fuhr durch die dunklen Straßen der Stadt zum Campus. Er ging ins Wohnheim, wo er noch immer ein Zimmer hatte, legte sich aufs Bett und versuchte einzuschlafen, doch Old Black Dogs Speed hielt ihn auf Touren. Auf dem Flur ertönte Lärm. Eine Fete war zu Ende, und die Erstsemester kamen reichlich blau nach Hause. Sie liefen durch den Flur und machten ein Heidenspektakel. Er meinte seinen Namen zu hören, immer wieder, und schließlich war er sicher. Er gab ihnen Rätsel auf, war etwas älter als sie und sehr zurückgezogen. Sie dachten über ihn nach und redeten über ihn, aber er wollte nichts mit ihnen zu tun haben, gar nichts.

Er ging zu Henrys Koffer, wußte, daß er dort eine Flasche Johnnie Walker finden würde. Henry war sein Zimmerkamerad und Narkoleptiker. Er schluckte den Alkohol, bis er ihm wie Wasser vorkam. Der Lärm auf dem Flur wurde immer schlimmer. Er drehte sich aus Henrys Vorrat einen Joint, um wieder ins Gleichgewicht zu kommen. Noch einmal ertönte sein Name, bohrte sich in ihn wie ein Angelhaken. Er mußte etwas tun.

Er zog Henrys Golfschläger heraus und stopfte sich die Taschen mit Bällen voll. Den Joint zwischen den Zähnen, trat er hinaus auf den Flur, legte einen Golfball auf den Boden und jagte ihn einem der Jungs, die zehn Meter weiter standen, in den Hintern. Als der aufschrie, war schon der zweite Ball unterwegs den Flur entlang, von einer Wand zur anderen. Alle suchten Deckung in ihren Zimmern, beschimpften ihn und feuerten ihn an, zogen jedesmal, wenn ein Ball kam, den Kopf ein.

Als er keinen mehr hatte, ging er zurück in sein Zimmer und legte sich wieder aufs Bett. Die anderen kamen wieder heraus auf den Flur, und er hörte von neuem seinen Namen, bald geflüstert, bald geschrien. Als sie ihn das nächste Mal zu Gesicht bekamen, stand er mit Henrys fünfzehn Pfund schwerer Bowlingkugel vor der Tür.

Redfield holte aus und ließ das Ding den Flur entlangdonnern. Dum, rum, rum, rum... Womm, genau gegen die Tür des Wohnheimsprechers; sie riß die Tür aus den Angeln und schlug das Schloß entzwei, daß die Trümmer durch die Luft flogen. Archie, der Wohnheimsprecher, kam leichenblaß und betrunken aus dem Zimmer gewankt.

«Verdammt noch mal, Redfield. Schau, was du angerichtet hast.»

Sie sahen einander über den Flur hinweg an. Archie begann als erster zu lachen, dann lachte auch Redfield, während die anderen in den Zimmertüren standen und sich fragten, was daran wohl so lustig war.

Eine Stunde danach kam der Dekan. Er klopfte leise an Redfields Tür und trat dann einfach ein, setzte sich auf Henrys Bett und zündete sich eine Zigarette an.

«Was ist los, Ray?»

«Danke, alles bestens. Mir geht's gut», sagte Redfield und goß einen Schluck Johnnie Walker in sein Glas. Er dachte, der Dekan hätte gefragt, wie es ihm gehe. In diesen Dingen ist er nicht so gut.

«Ich sprach mit deinem Vater, Ray, nachdem du nicht auf meine Verwarnungen reagiert hast.»

«Sie haben mit meinem Vater Ray gesprochen?»

Der Dekan und Redfields Vater waren zusammen aufs College gegangen. Sie waren befreundet. Eine typische College-Freundschaft, wo man später den andern anrufen und um einen Gefallen bitten kann. Redfield war so ein Gefallen.

«Du besuchst den Unterricht nicht mehr», fuhr der Dekan fort. «Ich wollte wissen, ob etwas passiert ist. Dein Vater hatte keine Zeit, und deine Mutter meinte, er würde sich melden. Das alles hat mich etwas traurig gestimmt. Und jetzt die Sache mit der Bowlingkugel.»

«Mein Vater heißt nicht Ray.»

«Er hat mir diese Karte geschickt.»

Der Dekan reichte Redfield eine Postkarte. Sie zeigte einen am Hals aufgehängten Hund, rechts daneben stand ein Asiate, und im Hintergrund waren Felsen und Bäume zu sehen. Auf der Rückseite stand: *Todespicknick, südkoreanischer Hund, erst erhängt, dann verspeist.* Und in der Handschrift seines Vaters: *Schluß, aus, vorbei.*

«Ich rief dann noch einmal deine Mutter an, und sie meinte, du solltest ein bißchen verreisen, bräuchtest vielleicht einfach mal Ferien. Ist es das, Ray?»

«Klar. Wär nicht schlecht.»

Der Dekan wünschte ihm alles Gute, versicherte ihm, daß er ihn mochte und daß ihm die Tür immer offenstehen würde, wenn er zurück ans College wollte, erinnerte ihn daran, wieviel es seinem Vater bedeutete.

Ihm war nicht klar, daß er Redfield angst machte. Redfield wollte, daß die Tür hinter ihm zu war, eine nur, egal welche. Er hatte seit September nicht mehr mit seinem Vater gesprochen, und da hatten sie sich gestritten.

Er dachte, wenn ich schon nicht weiß, was ich machen soll, will ich wenigstens wissen, was ich nicht machen kann. Wenn ich nicht weiß, was vor mir liegt, geb ich mich eben damit zufrieden, daß ich weiß, was nicht hinter mir liegt. Ich will ein paar Brücken hinter mir abbrechen. Merkt ihr denn nicht, daß ihr mich umbringt? Im Grunde wollte er nach Hause, doch Zuhause, das war die Farm in Conquest, und er wußte gar nicht, ob es die noch gab.

Sein Vater wollte sie verkaufen. Er hatte sie sich als Geldanlage zugelegt, aber Redfield war dort hingezogen, als er noch zur Schule ging, und hatte angefangen das Land zu bestellen. Die Farm bestand aus einem Haus mit acht Zimmern und über dreißig Hektar Land, das sich am Nordufer des Seneca River entlangzog. Redfield zog Kälber auf, baute Luzerne an und pflanzte Weihnachtsbäume. Als ihm sein Vater sagte, er solle aufs College gehen, entgegnete er, er würde lieber hierbleiben. Da sagte sein Vater, das gehe nicht, weil er die Farm verkaufen werde.

«Wo ist Henry eigentlich?»

«Wahrscheinlich in der Bibliothek eingeschlafen.»

Der Dekan schaute auf die Bücherstapel in Redfields Zimmerhälfte: *Das Kamasutra, Butch Cassidy: Mein Bruder, Das Sexualverhalten der Wilden, Der geschmückte Körper, Jüdische Folklore, Schreckliche Küsse, Iß nicht von diesem Fleisch: Ernährungstabus in der Alten Welt.*

«Viel Glück, Ray», sagte er noch einmal und ging.

Redfield griff sich eine Flasche von Henrys Ritalin und machte sich auf den Weg zur I-81. Fuhr die Gänge voll aus, um möglichst schnell wegzukommen. Er wollte möglichst viele Meilen zwischen sich und diesen Ort bringen.

Während er sich auf die Maschine sinken ließ und die Straße entlangbretterte, überfiel ihn plötzlich mit Macht die Sorge, er hätte vielleicht unwissentlich etwas falsch gemacht. Vielleicht fuhr er gar nicht nach Süden, sondern nach Norden. Er heftete den Blick auf den Straßenrand und war jedesmal wieder erleichtert, wenn das Schild I-81 SOUTH in Sicht kam. Trotzdem konnte er das Gefühl, in die falsche Richtung zu fahren, nicht ganz abschütteln.

Die I-81 führte nicht weit an seinem Zuhause vorbei. Er kam sich vor wie auf einer langen Einfahrt, nur in der falschen Richtung. Er war auf dem Confederate Highway unterwegs nach Süden, fuhr mittlerweile das Rückgrat von Virginia entlang.

Er versank in sich auf der Suche nach einem Ort zum Verweilen, während er diese langen dunklen Meilen hinter sich brachte und ohne das Gefühl, sie gelebt zu haben, die Stunden verschlang. Er fand andere Dinge, über die er nachdenken konnte, die blaue Ader auf der weißen Brust einer Frau, die er kannte und mit der er gern mal wieder zu tun bekommen hätte. Seine Mutter, seine Freundinnen, seine Cousine. Er hatte seinen Vater enttäuscht und den Dekan. Er fühlte sich schuldig und dachte daran, wie leicht dieses Gefühl sich in Haß verwandeln konnte, wenn nicht Liebe dazukam, aber woher sollte die kommen?

Am College hatte er ein Mädchen gekannt. Sie waren im Herbst ein paar Tage lang zusammen gewesen. Vor ein paar Stunden wollte er zu ihr und ihr sagen, daß er wegfuhr, ein bißchen verreiste, doch sie hatte ihm nicht aufgemacht. Beim Gedanken an sie hätte er fast geweint, doch dann fuhr er in ein Schlagloch, und ein glühender Schmerz durchzuckte seine Rippen. Das lehrte ihn, nicht gar soviel nachzudenken. Wenigstens fürs erste.

*

Nachts waren keine Polizeistreifen unterwegs. Da fuhr er seine Bestzeit. Um diese Zeit wurden auch Verbrennungsöfen angefeuert, qualmten Schlote und gingen Ablaßventile an verrosteten Rohren auf. Müllkipper waren unterwegs durch dunkle Nebenstraßen.

Nächste Raststätte einundzwanzig Meilen. Er dachte, für den Bösen gibt's weder Ruhe noch Rast. Das hatte seine Mutter immer zu ihm gesagt und dabei gelächelt, als wäre es eine frohe Botschaft.

Werd ich das alles je noch mal abspielen? Wird es irgendwann noch mal laufen? Und werd ich dann dabei sein? Bin ich einfach bloß jung und voller spleeniger Todesgedanken? Was ist daran so schlimm? Ich hab eine verdammt gute Zeit gehabt.

Bestens. Hundert Meilen geschafft. Noch zwanzigmal soviel, und ich bin weit genug weg von zu Hause.

Virginia am frühen Morgen, irgendwo in der Nähe von Whytheville. Er war die ganze Nacht gefahren. Und fühlte sich entsprechend. Die Fahrt hinab in den verschwitzten Süden, ins Land der gelben Augäpfel. So ist das mit dem Zeitempfinden, wenn man unterwegs ist. Die Zeit. Die Gravitation krümmt Zeit und Raum. Ohne Ereignis keine Zeit. Die Zeit ergreift nicht Partei.

Die großen Schaufenster aller Supermärkte dieser Welt. Er stand an der Zapfsäule und schaute hinein wie in einen Fernseher, sah eine Familie oder zwei, auf den Regalen Lebensmittel wie in einer Speisekammer. Tische und Stühle. Eine x-beliebige Küche, wo man an allen Schränken die Türen abgenommen hatte. Nur hereinspaziert. Die großen Umspannstationen Amerikas. Die großen Flüsse des Ostens, Potomac, Susquehanna, Hudson, Connecticut. Kirchenglocken. War schon wieder Sonntag?

Er trat über die Schwelle des Supermarkts und stand in dieser Welt, wo Menschen redeten, wo es laut war und die Mundbewegungen nicht zu den Worten paßten. Die Gesichter, das Parfum, ihr Haar, ihr Lidschatten, wie ihr Körper zu beben schien. Der Trucker, dem die Haare zu Berge standen. Die Tätowierungen auf seinem Arm, wie sie sich abhoben und zu pochen schienen. Neonlicht.

Er konnte es nicht erwarten, wieder nach draußen zu kommen, allein im Dunkel zu sein, doch es war bereits kurz vor Tagesanbruch.

Bluefield, las er. Ich bin Redfield. In Bluefield.

Sonnenaufgang in Tennessee, an diesem ersten Morgen. Es war kalt, und er gähnte. Er reckte sich auf dem Motorrad, krümmte und streckte den Rücken, erduldete den Schmerz. Die Scheinwerfer waren noch an, und die Straße wurde weiß. Man sah kaum etwas, und es würde einige Zeit dauern, bis sich seine Augen daran gewöhnt hatten.

Hinter Bristol fuhr er in einem Betongraben hinab zu

einem Bach, der unter dem Highway durchfloß. Tauchte dabei in Nebelschwaden. Er hoffte, daß unten Platz zum Wenden war oder der Bach so seicht, daß er ihn durchqueren konnte. Jedenfalls ein nettes Zuhause für Wassermokassins. Er ließ sich einfach zurücksinken, schaltete ab und war schon eingeschlafen, träumte von Frauen und davon, noch auf dem Motorrad zu sitzen.

Dann war er mitten in einer dieser Geschichten mit einer netten Bedienung. Er saß bei Woolworth an der Imbißtheke und füllte Zeitschriften-Abokarten aus, gab sie der Bedienung und bat sie, die Dinger für ihn abzuschicken. Sie nahm sie entgegen. Ein Akt des Vertrauens. Er bestellte Milchreis, und sie brachte ihm welchen. Die Vorstellung, bei Woolworth Milchreis zu bestellen, gefiel ihm.

Nach einer Stunde regte er sich. Er wußte nicht, wo er war. Erinnerte sich nicht, geschlafen zu haben. Diese Stille. Diese Dunkelheit. Und der Kopf so schwer. Dann merkte er, daß er noch den Helm aufhatte.

Er nahm ihn ab und wusch sich im Bach das Gesicht, ging durch das Rohrkolbendickicht. Der Boden war trocken, und der Weg nach oben kerzengerade. Er ließ den Motor an und donnerte durch die Rohrkolben hinauf zur Interstate. Oben erwartete ihn ein Polizist, ein Tennessee State Trooper.

Redfield drehte den Notschalter, ließ das Motorrad die Böschung hinauf auslaufen und dann langsam auf die Straße rollen. Auf dem Namensschild des Polizisten stand DUPREE.

«Führerschein und Kraftfahrzeugschein.»

Redfield reichte ihm die Papiere, zusammen mit seinem Studentenausweis und dem Angelschein. Dupree fing an zu lachen.

«Stimmt was nicht?» fragte Redfield.

«Raymond Romeo Redfield. Was 'n das für ein Name?»

«Meiner.»

«Dacht ich mir, so ähnlich wie ‹A Boy Named Sue›. 'tschuldigung, wenn ich lache. Aber den Johnny-Cash-Song find ich einfach irre.»

«Der Name hat Familientradition», sagte Redfield. «Und wie heißen Sie?»

«Johnny. Johnny Dupree.»

«Johnny Johnny? Das ist mir vielleicht 'n Name für einen Mann in Ihrem Alter. Überhaupt kommen Sie mir ein bißchen alt vor für die Highway-Patrouille, oder?»

«Weißt du, mein Junge, Jugend kann eine lebensgefährliche Krankheit sein.»

«Ich finde, das Leben ist immer lebensgefährlich.»

Johnny Dupree schob seine Mütze nach hinten und rieb sich die Stirn. Er musterte den Kraftfahrzeugschein, dann noch einmal den Führerschein.

«Das ist ja echt eine tolle Maschine. Das neue Modell?»

«Ja», sagte Redfield. «Hab sie vor ein paar Wochen in York im Werk abgeholt.»

«Ich hab auch mal so ein Ding gefahren, aber dann haben sie mich in ein Auto gesteckt. Das Motorradfahren fehlt mir. Wo soll's denn hingehen?»

«Nach Westen.»

«Fahr nicht zu schnell und gib acht, wo du dein Lager aufschlägst. Okay?»

«Klar», sagte Redfield besänftigt. Er mochte Johnny Dupree. Er konnte nachvollziehen, wie er alt geworden war, ohne es richtig zu merken.

«Tut mit leid wegen dem Namen. Ist ein bißchen merkwürdig. Ist mir noch nie untergekommen, und ich dachte, ich kenne sie alle.»

«Meine Mutter und meine Schwester haben an der Schule *Romeo und Julia* gespielt. Sie mußten sich Binden um die Brust wickeln. Wie Judy Garland in *Der Zauberer von Oz*.»

«Als Dorothy.»

«Genau.»

«Na dann, mach's gut», sagte Johnny Dupree und legte den Finger an den Hut.

«Sie auch.»

Johnny Dupree stand an der Leitplanke und sah Redfield nach, als er zwischen den Reihen hoher und ausladender Wacholderbüsche auf dem Mittelstreifen und am Straßenrand davonfuhr. Auf den Wiesen standen Pferde, Goldfüchse und Füchse mit langen Schwänzen und buschigen Mähnen, die Köpfe schief gelegt, die Nasen im Wind. Herrliche Tiere, dachte Johnny Dupree. Ein herrlicher Anblick.

*

In den Bergen spielte er Fangen mit den schweren Lastzügen. Dabei mußte er an den Mathe-Unterricht denken, an Xenons Paradox. Er konnte sich immer wieder ausmalen, schon halb beim nächsten Lkw zu sein, und doch würde er, wenn er das immer wieder tat, nie dort hinkommen, nie die Entfernung zwischen sich und dem Heck des Fünfachsers überwinden.

Der Geruch heißgelaufener Bremsen hing über den langgestreckten Hügeln. Auf den glatten Aluminiumhecks der Lastzüge spielte das Sonnenlicht.

Und die Pkws. Der Fahrer vor ihm sah immer wieder auf seinen Schoß hinab. Vielleicht bekam er einen geblasen. Vielleicht hatte er da unten das Gefühl verloren und mußte nachschauen, ob sich überhaupt noch was tat. Redfield überholte im Stehen und sah hinein. Nichts. Sein Motor fing an zu stottern, er mußte auf Reserve schalten. Er hätte lieber nicht zum Tanken angehalten, denn nun mußte er noch mal an denselben Leuten vorbei.

Knoxville roch nach Sprühfarbe.

Als er einen langen schwarzen Cadillac überholte, sah er

nach, ob der Geist von Hank Williams auf dem Rücksitz saß, doch da war nichts. Heute nicht.

Ein Stück weiter herrschte Gedränge. Lauter Gold Wings. Ganze Pulks davon waren unterwegs nach Ost und West und füllten die Raststätten. Sie winkten ihm alle, und auch die Maskottchen an den Motorrädern schienen ihm zu winken. Er dachte, Dummköpfe wie Genies sind von Rätseln umgeben. So ist das.

Er fuhr über den Chaney Ford River und an der Ausfahrt Juliet Road am Stadtrand von Nashville vorbei. Darüber mußte er grinsen. Dann der große, gedrungene Rundbau des E-Werks von Nashville, eine Festung der Energie. Redfield zog den Kopf ein und bretterte weiter.

Landeinwärts, landeinwärts nach Westen und Memphis, wo er heute noch hinwollte.

Dann kam eine Baustelle, die Straße wurde einspurig. Er hielt hinter dem Auto vor ihm. Es war ein langsamer, schwarzer El Dorado, der ihn vor kurzem rechts überholt hatte und seit zehn Meilen mit eingeschaltetem Blinker fuhr. Was soll man von jemandem halten, der mit eingeschaltetem Blinker den Highway entlangfährt und es nicht merkt? Er wartete zehn Minuten, während der Stau hinter ihm immer länger wurde. Dann hielt er es nicht mehr aus. Er schob sich auf dem Asphalt zwischen der Betonleitwand und dem El Dorado bis zur Fahrertür und sagte seinem Vordermann, daß sein Blinker an war.

«Ich weiß», sagte der nur.

«Und wozu fahren Sie wild blinkend durch die Gegend?»

«Das Ding ist kaputt.»

«Oh.»

Redfield ließ die Kupplung kommen und fuhr auf dem Bankett weiter, an gut hundert Autos vorbei. Ein Fahrer zog nach links und versuchte ihn abzublocken, weil es ihn ärgerte, daß er schneller vorankam. Redfield schwenkte nach rechts an ihm vorbei und trat ihm in die Beifahrertür. Nach einer weiteren Meile sah er, was den Stau verursachte. Mitten auf der Straße lag ein Baukran und darunter ein Mann. Der Mann hatte eine riesige Zunge. Ein paar Leute standen hilflos darum herum und warteten auf jemand, der stark genug war, den Ausleger anzuheben.

Redfield drückte sich vorbei, fuhr von der Straße und holperte eine Viertelmeile daneben her, bis sie wieder frei war. Er wollte so schnell wie möglich fort von dort.

5

Sind deine Kopfschmerzen weg?»

Abend in New Mexico. Er erhebt sich gerade von einem weiteren Schlaf. Ihn hier im Haus zu haben ist angenehm. Sie überlegt, ihm vielleicht gar nichts von dem Baby zu erzählen, einfach überhaupt nichts zu sagen. Sie fragt noch einmal nach seinen Kopfschmerzen.

«Ja. Irgendwie fehlen sie mir», sagt er.

Er sitzt am Tisch und stützt den Kopf in die Hände.

«Was ist denn passiert?» fragt sie.

«Ich glaub, ich werde blind.»

«Wie kommst du darauf, Redfield?»

«Na ja, nicht gleich jetzt, aber wenn ich richtig alt werde. Wenn's ans Sterben geht vielleicht.»

«Quatschkopf.»

Er nippt an seinem Kaffee, sucht mit dem Blick nach ihren Beinen. Sie hat schöne Beine. Sie ist wunderschön.

«Ich hab im Steinbruch gearbeitet», erzählt er. «Es gibt nicht mehr viele Jobs, bei denen man draufgehen kann, reiner Dusel, daß ich den gekriegt hab.» Er klappt sein Messer auf und begradigt einen Fingernagel. «Hast du gewußt, daß sie in Südafrika Straußeneier sammeln und daß sich die schwarzen Frauen dann abwechselnd draufsetzen und sie ausbrüten?»

«Wo hast du denn das her?»

«Hat mir Old Black Dog erzählt.»

«Und deine Rippen, Redfield?»

Er sieht sich im Zimmer um, läßt den Blick über die Wände, die Decke, den Fußboden und die weiß abgedeckten Möbel gleiten. Sein Verstand weicht aus. Gar nichts zu erzählen scheint ihm eine Möglichkeit, ein neues Leben zu beginnen. Atmen, sagt er sich, tief durchatmen.

«Sie erzählen einem immer Geschichten, wie gefährlich das alles ist», beginnt er dann, um eine undramatisch klingende Stimme bemüht. «Als ob sie's so an einen weitergeben. Kabel rutschen weg, Ketten reißen, Teile fallen runter. Die anderen warten einfach ab, daß der Neue was Dummes sagt oder tut. Jeder Neue bringt seinen eigenen Schicksalsstern mit, und solange die anderen nicht wissen, ob's ein guter oder schlechter ist, halten sie sich von ihm fern. Für jede siebte Geschichte stirbt einer. Für jede ausgegebene Million, jede Brücke, jeden Arbeitstag. All so'n Scheiß.

Das Aufsichtsamt verschickt dann Kurzmeldungen, die lauten ungefähr so: Sechzigjähriger Kranführer mit sechsundvierzig Jahren Berufserfahrung beim Sprung von seinem über eine Böschung gekippten Kran tödlich verletzt. Zwanzigjähriger Arbeiter beim Versuch, eine Wasserpumpe in Gang zu setzen, durch Stromschlag getötet. Zweiunddreißigjähriger Bergarbeiter mit fünfzehn Jahren Berufserfahrung am Eingang zu einem neuen Stollen von herabstürzenden Felstrümmern erschlagen. Achtundzwanzigjähriger Frontladerfahrer mit zehn Jahren Berufserfahrung durch zurücksetzenden zweiten Frontlader tödlich verletzt. Echt romantisch.»

«Und was war mit dir?»

«So ähnlich wie beim letzten. Ich stand am Boden, hab versucht, einen der Karren mit dem Starthilfekabel in Gang zu kriegen, und dabei haben sie mich eingeklemmt.»

«Um Gottes willen, die hätten dich ja umbringen können.»

«Meine Nieren waren gequetscht. Sie haben mir Kodein

gegeben und gemeint, entweder es wird wieder oder nicht. Die ganzen Maschinen sind nach Oklahoma gebracht worden, wo die Gesetze weniger streng sind. Ich sollte von der Bildfläche verschwinden. Sie hatten Angst, man würde ihnen den Laden dichtmachen, ehe sie aus Dodge raus waren.»

«Aber du warst doch beim Arzt, Redfield?»

«Nein.»

«Warum nicht?»

«Du weißt doch, wie eine verbrühte Katze davonrennt, oder?»

«Soll das 'ne Erklärung sein?»

«Ich weiß auch nicht, warum ich tu, was ich tu.»

Juliet verschränkt die Arme und schüttelt den Kopf. Am liebsten würde sie losheulen, doch sie beherrscht sich, und das tut ihr weh. Sie ist ihm ein bißchen böse, weil er diese Probleme mitgebracht hat. Sie wollte, daß er war wie früher, launisch, jung und stark und lustig. Nicht verletzt.

«Wird schon wieder», meint er. «Kann nur ein paar Wochen dauern.»

«Ich dachte, du müßtest zurück ans College.»

«Das hab ich schon abgeschlossen.»

«So was schafft man nicht in einem Jahr.»

«Was soll ich sagen, es war wohl das Ritalin. Ich hab ungefähr fünfzig Kurse auf einmal belegt. War auf der Suche nach ein paar grundlegenden Wahrheiten. Mein Zimmerkollege hatte Narkolepsie, und sein Vater ist Arzt, da kam er an tolle Sachen. Und er hat sie mich probieren lassen.»

«Du hast's geschmissen, nicht? Du weißt doch, wieviel es deinem Vater bedeutet. Du mußt zurück.»

«Ich weiß. Die Tür steht mir offen. Ich hab noch nicht alle Bücher abgegeben. Und solange sie die nicht wiederhaben, lassen sie mich nicht einfach gehen.»

«Hat's dir nicht gefallen am College?»
«Bin zu alt dafür. Ich bin alt, alt, alt.»
Sie sitzt ihm gegenüber am Tisch. Am liebsten hätte sie gesagt: Du hast das Leben doch noch vor dir, oder: Wo ein Wille ist, ist auch ein Weg oder so was ähnliches, doch sie weiß, das hat er alles schon zu hören bekommen, und außerdem ist sie nicht sonderlich davon überzeugt. Sie nimmt seine Hand.
«Ihr Männer», seufzt sie.
«Was?»
«Immer macht ihr so was. Fügt euch Wunden zu, damit euch die Frauen lieben.»
«Nein, tun wir nicht. Kein bißchen.»
«Aber natürlich. Ihr boxt gegen die Wand und brecht euch dabei die Hand, oder ihr spielt Fußball oder zieht in den Krieg, nur damit wir euch bedauern und lieben. Frauen lieben verletzte Männer.»
«Psst», mahnt er mit dem Finger an den Lippen. «Reden tut mir weh.»
Er steht auf und geht wieder ins Bett.

*

Spät am Abend wachen sie beide gut gelaunt auf. Sie fahren auf der 66 nach Albuquerque rein. Juliet fährt schrecklich gern Motorrad. Im Fo-Fo's ist kubanische Nacht, und sie essen Ropa vieja und trinken Bier. Neben ihnen sitzt ein Künstler, der Möbel bemalt. Redfield erzählt ihm, daß sein alter Herr 1948 hier durchgekommen ist, daß er auf dessen Route unterwegs ist, eine Art persönliche Entdeckungsreise. Der Künstler meint, 1948 sei er in Santa Fe mit der Schule fertig geworden.
«Da waren wir noch jung und unschuldig», fährt er fort. «Sind den ganzen Abend um den Platz gefahren und haben ‹Ninety-Nine Bottles of Beer› gesungen, und am Wochen-

ende sind wir runter nach Juárez und haben uns vollaufen lassen. Das Pornographischste, was ich damals je gesehen hab, war ein Daumenkino, in dem Popeye 'n Steifen kriegt. Das war die Zeit, als die Werbung noch versprochen hat, Cornflakes würden einen zum Champion machen.»

Später ziehen sie mit der Band zum El-Rey-Theater. Es ist ein Reggae-Fest, mit Quest und Spiritual Healing als Special guest.

Manchmal kommt man einfach nicht drumrum, denkt Redfield, legt die Hände auf ihre Rippen und zieht sie an sich beim Tanzen. Er drückt ihr die Luft aus der Lunge und nähert sich mit dem Mund ihrem Ohr.

«Ich möchte ein Buch mit dem Titel ‹Piloten auf Trip› schreiben. Ein Buch wie ein alter Film. Ein schlechter. Aber das ist im Grunde das Konzept.»

«Du redest mal wieder Blödsinn.»

«Das einzige beim Röntgen, woran ich mich noch erinnere, ist, als die Assistentin mich umgedreht hat. Da haben mich ihre Brüste berührt. Wie schlafende Hündchen. Sie muß viele Männer so berühren, ehe sie sie mit den Röntgenstrahlen durchbohrt, dachte ich. Vielleicht gefällt's ihr.»

«Vielleicht merkt sie's nicht mal.»

Sie sitzen etwas abseits an einem Tisch. Redfield mit dem Rücken zur Wand, so daß er alle sehen kann, die vorbeigehen. Er stellt sich vor, wie jemand mit einer Uzi in der Hand reinkommt und er sich auf Juliet wirft, ihren Körper mit seinem schützt und die Salven in seinen Rücken dringen läßt.

«Was machst du, Redfield?»

«Austüfteln, wie ich einer die Hand aufs Knie legen kann.»

Lächelnd legt sie ihm ihr Bein auf den Schoß.

«Lassen Sie das, Miss Juliet. Ich bin zwar Ihr Cousin, aber auch ein Mann.»

«Ein Junge.»

«Junge. Mann. Was soll's.»

*

Als sie zurückkommen, geht Juliet sofort ins Haus, während Redfield erst den Joint raucht, den ihm der Künstler geschenkt hat.

Von der Terrasse aus ruft er ihr zu: «Komm raus zu mir, Juliet. Komm raus in die Nacht. Nun komm schon.»

Sie erscheint in der Tür und lehnt sich gegen den Pfosten. Es ist okay, daß er hier ist, sagt sie sich. Er ist laut. Er ist groß. Seine Gegenwart hat Gewicht.

«Ich darf nicht raus in die Nacht», entgegnet sie. «Sie greift mich an. Ich weiß nicht, warum ich hier bin. Warum ich mit dir rede. Ich weiß nicht, warum ich tu, was ich tu. Ist es zuviel verlangt, das wissen zu wollen? Ich glaub, ich hab zuviel Bier getrunken.»

Von wo sie stehen, können sie den Sandia Crest sehen, eine wild zerklüftete Granitwand, die vom Wüstenboden fünfzehnhundert Meter in den nächtlichen Himmel aufsteigt. Sie ist spürbar gegenwärtig, ohne daß sie darüber sprechen.

«Nachts fahr ich am liebsten», sagt er. «Ich seh mir gern im Dunkeln das Land an. Es gefällt mir, wie das Licht am Chrom entlanggleitet. So sauber und glatt. Und im Morgengrauen kann man dann manchmal schon den Scheinwerfer ausschalten und im Mondlicht weiterfahren. Wenn ich durch eine Stadt komme, dann denk an mich, während du im Bett liegst und schläfst.»

«Du redest viel. Alles nur Gelaber?»

«Romeo und Julia. Eine teuflische Liebe.»

«Eine himmlische.»

«Mein Gott. Hast du das Buch denn nicht gelesen? Wir werden sterben, weil die Post nicht ankommt. Das will ich nicht. Ich will nicht, daß mein Leben von der Zuverlässigkeit der Post abhängt. Sie haben schon wieder die Gebühren erhöht. Ein Versuch, Kommunikation unmöglich zu machen. Sie wollen nicht, daß wir uns schreiben. Revolution.»

«Du klingst wie dein Vater mit seinen Verschwörungstheorien. Ich geh ins Bett. Bin immer noch ein bißchen betrunken.»

Er geht zu ihr und bläst ihr eine Lunge voll Rauch in den Mund.

Dann greift er ihr in den Ausschnitt, faßt ihr an die Brust, den Daumen auf der Brustwarze, und küßt sie.

«Zweitausendsiebenhundert Meilen lang hab ich mir vorgestellt, das zu machen.»

«Ich hab darauf gewartet», sagt sie. «Mein ganzes Leben lang hab ich gewartet und mich gefragt, ob es je passieren würde, aber eigentlich hab ich nicht damit gerechnet.»

«Tut mir leid. Ich konnte nicht anders. Was ist das für ein Parfum?»

«Emeraude.»

«O Mann. Riecht herrlich, wie Körper, die ich kenne. Ich dreh durch.»

«Werd nicht ordinär.»

«Ich hab doch bloß an nasse Pferde gedacht, an deins genaugenommen.»

Sie führt ihn hinein, den Flur entlang. Er setzt sich auf ihr Bett, die Füße am Boden. Beugt sich vor und sammelt ihre Unterwäsche auf, die sich in den letzten Tagen hier angesammelt hat. Er hält sie sich ans Gesicht, atmet tief den Duft ein. Baumwolle, Nylon, Satin und Spitze, und alles mit ihrem Körpergeruch.

«Ich weiß ein Geheimnis von dir», sagt sie.

«Was für eins?»

«Als kleiner Junge hast du immer meine Unterwäsche angezogen.»

«Und immer einen Steifen dabei gekriegt, nur wußte ich dann nichts damit anzufangen.»

«Du Dummkopf. Und meine Puppen hast du immer aufgehängt.»

«Das tut mir noch heute leid. Die armen kleinen Dinger. Dadurch könnt ich mich glatt zum Massenmörder qualifizieren.»

«In jedem Leben gibt's dunkle Punkte.»

Er lacht, und sie ebenfalls, aber sie sind sich nicht sicher, ob sie über dasselbe lachen. Er steht auf und geht aus dem Zimmer. Er schwitzt wie verrückt und kann nichts dagegen tun. Der Pot hat ihm Appetit gemacht, und jetzt wühlt der Hunger in ihm, aber die Vorstellung, tatsächlich etwas zu essen, läßt seinen Magen rebellieren.

Draußen summt der Kühler, bläst Luft durch eine Trommel mit nasser Füllung und dann gegen die Hitze ins Haus.

Juliet ist froh über diese kleinen Geschenke der Erinnerung an ihr Leben, bevor sie das Kind bekam. Vielleicht kann sie es so zusammenflicken.

Vom Bett aus ruft sie über den Flur: «Komm wieder her und sprich mit mir. Und bring mir ein Bier aus dem Kühlschrank mit.»

Ich schwitze, denkt er. Er spürt das salzige Wasser seines Körpers am Rückgrat hinabrinnen. Er geht rein und stellt sich ans Bett. Sie trägt nur noch ihren Slip und hat hübsche Brüste für eine Cousine.

Sie singt ein Kinderlied: *Do you know the muffin man, the muffin man, the muffin man? Do you know the muffin man who lives on Drury Lane.*

Sie singt es, als wär's ein Blues. Er ist sich nicht ganz sicher, ob sie es tatsächlich so singt, aber so kommt es jedenfalls in seinem Kopf an. In der kaum erhellten Dunkelheit läßt ihre weiße Haut die ganze Szene wie ein Negativ wirken. Manchmal sind wir uns nah, denkt er. Und manchmal nicht.

Er setzt sich wieder aufs Bett. Er hat ihr was mitgebracht und sollte hinausgehen und es aus seinem Gepäck holen. Er reicht ihr das Bier. Sie hat wirklich weißes Haar.

«Sieh uns bloß an», meint sie. «Wie widerlich.»

Redfield sagt nichts. Sie stupst ihn mit dem Fuß am Kopf und sagt seinen Namen. Dann streicht sie ihm mit den Zehen über die Wange und spürt, daß sein Gesicht naß ist.

«Redfield. Honey?»

Sie stellt das Bier auf den Boden und kniet sich hin, die Hände auf seinem Rücken. Sie sieht, daß er weint.

«Was ist los?»

«Ich muß pinkeln», sagt er.

«Ich helf dir», flüstert sie.

Draußen im Dunkeln hält sie ihn, das Gesicht zwischen seinen Schulterblättern, in der Hand. Sie stehen am Rand des Bosque, des Pappelwalds längs der Ufer des Rio Grande. Sie fängt an zu lachen.

«Was ist denn so lustig?»

«Ich muß daran denken, daß du so 'nen kleinen Babypimmel hattest. Im Sommer hab ich immer auf dich aufgepaßt und mußte deine Windeln wechseln. Du hattest so einen süßen kleinen Schwanz.»

«Du gehst wie eine Kuh», sagt er. «Nicht daß du so aussiehst, aber du gehst so.»

«Was bist du wieder liebreizend.»

«Deine Beine gehen voran und der Körper hinterher. Du weißt schon. Irgendwie elegant.»

Ein Geräusch dringt vom Bewässerungsgraben herüber.

«Hör mal!» sagt sie.

«Was?»

«Das Klageweib», flüstert sie. «*La Llorona.* Sie jammert seit zweihundert Jahren jede Nacht so rum.»

«Wer ist das?» sagt Redfield, entschlossen, nicht daran zu glauben.

«Eine Witwe, die ihre Kinder ertränkt hat, um für einen anderen Mann frei zu sein, doch der hat sie zurückgewiesen. Sie trägt schwarze Kleider und schwere Ketten. Wenn ihre Klage ertönt, stirbt jemand in der Familie.»

«Hörst du sie?»

«Nein, aber eben dachte ich, ich hätte sie gehört.»

Als sie wieder drinnen sind, zieht sie ihm das T-Shirt aus und wickelt den Verband von seinen Rippen. Er sagt ihr, er wird La Llorona hier nicht reinlassen, und sie glaubt ihm.

«Da, wo du weg bist, hast du da was zurückgelassen?» flüstert sie.

Sie sagt es so, daß es nicht wie eine Frage klingt, sondern wie der Wunsch, es wäre nicht so. Er meint, die Schlachtfelder seien alle noch da, Gettysburg, Shiloh, Antietam.

«Wir sollten nicht zusammen schlafen. Ich geh ins andere Zimmer. Das ist kein Spaß mehr.»

«Mir ist das egal», erwidert sie, «aber es lag an dir. Du hast mich angemacht. Das hast du noch nie getan.»

«Ich mußte einen anderen Menschen berühren. Eine Frau.»

«Ich bin keine Frau für dich. Ich bin deine Cousine.»

«Kommt aufs gleiche raus.»

Sie schaut ihn an. Er sagt nichts mehr.

«Vielleicht hast du ja recht», sagt sie, «vielleicht kommt's wirklich aufs gleiche raus. Ich muß dir was erzählen.»

Doch es ist spät, und sie sind müde. Bald sind sie eingeschlafen, und Redfield träumt von einer Kellnerin in Memphis.

Juliet träumt, daß sie noch immer auf ihn wartet, ist wieder in der Zeit, als sie allein war und dachte, sie hätte sich schon umgebracht.

6

Bekanntlich kreuzen sich östlich von Memphis mehrere Hochspannungsleitungen, der Wolf River und der Hatchie River verlaufen dort, und es gibt große Kiefernwälder.

Redfield begann am Fluß und arbeitete sich sieben Häuserblocks nach Osten vor. Beale Street, Memphis, Tennessee. Elvis. B. B. King. Isaac Hayes. Al Green. Jerry Lee Lewis. Charlie Rich. Old Mr. Haney.

Jungs, die unter den Bäumen im Park Gitarre spielen. Elvis – das ist ein rosaroter Cadillac, ein Stutz Bearcat, ein sechzehnkarätiger Brillantring mit dem TCB-Blitzzeichen. *Taking Care of Business.* Er stand auf junge Mädchen in weißen Höschen. Kann kein so schlechter Kerl gewesen sein. Seine Flugzeuge, die Lisa Marie und die Jet Star.

Redfield mietete sich in einem Days Inn ein. Zimmer mit Dusche. Die Fenster der anderen Zimmer waren mit Elvis-Heiligenpostern tapeziert, mit Elvis-T-Shirts und Elvis-Spielzeug drapiert.

Redfield in Graceland.

«Ich möchte Elvis sehen», bat er den Fremdenführer höflich. «Ich dachte, ihr habt ihn in einen gläsernen Sarg gelegt wie die Russen John Lennon.»

Der Führer redete wie ein Wasserfall. Erzählte der Besuchergruppe von Elvis' Hang zu Pracht und Großzügigkeit, erläuterte das Speisezimmer, das Fernsehzimmer, den goldenen Flügel, Billardzimmer und Ankleideraum, die Holzverkleidungen im Flur und das Dschungelzimmer. Einige

Besucher weinten. Das junge Punk-Pärchen, der deutsche Designstudent, die Flitterwöchner, die alten Briten.

Das Arbeitszimmer seines Vaters, Pool und Racquetballplatz, seine Waffen und Polizeiabzeichen, die Filmplakate, die goldenen Schallplatten, die Stadtschlüssel verschiedener amerikanischer Städte. Laßt mich rein. Laßt mich rein.

«Wo hat Elvis seinen Stoff versteckt? Ich möchte sein Medizinschränkchen sehen.» Redfield fürchtete, den Leuten auf die Nerven zu gehen, aber das wollte er unbedingt sehen.

Der Tour-Bus des King: ein druckluftgefederter VL 100-Vierzehntonner, Baujahr 59, mit Cummins-Turbo-Diesel und Fünfhundert-Liter-Tank. Der Boden bleiverkleidet, um Motor- und Fahrtgeräusche zu dämpfen. Ein um 360 Grad schwenkbarer Drehliegesessel und ein Doppelbett. Elektroherd, Grill, Kühlschrank, Müllschlucker und -verdichter. Dusche. Toilette, Frisiertisch, Medizinschränkchen, vergoldete Armaturen. Würfel- und Kartenspiele. Achtspurige Tonbandgeräte. Scherzen. Singen. Essen. Schlafen. Viva. Viva.

Elvis – das sind: Teddybären, Alben, Uhren, Karten zum Valentinstag sud Brasilien, Schnappschüsse, Ansichtskarten, Tassen, Gläser, T-Shirts, Videos.

Drei Generationen Elvis-Fans. Von Memphis ins gelobte Land. Auf Wiedersehen, Elvis.

Redfield wandte sich an den deutschen Designstudenten.

«Der Mistkerl hat in zwei Jahren neunzehntausend Dosen Narkotika, Stimulantia, Sedativa und Antidepressiva geschluckt. Bei seinem Tod hatte er Kodein, Morphin, Quaaludes, Valium, Valmid, Placidyl, Amytal, Nembutal, Carbrital, Demerol, Elavil, Aventyl und Sinutab im Blut. Sinutab, stell dir vor! Zumindest auf dem Gebiet war er wirklich der King.»

Einer der Männer vom Elvis-Sicherheitsdienst kam an

und begleitete Redfield hinaus aus Graceland, vor das schmiedeeiserne Tor.

Er stand auf dem Gehsteig und brüllte: «Freiheit für Elvis! Freiheit für Elvis!»

Das Blut schoß durch seinen Körper und pochte in den Schläfen. Er spürte, wie in einem seiner Augen etwas platzte. Ein Blutgefäß. Und nicht zum erstenmal. Wieder sah er den Mann unter dem Kran auf dem Highway vor sich. Ihm ging auf, daß die riesige Zunge die Eingeweide des Burschen waren, und sein Magen begann sich gegen die gequetschten Rippen zu werfen. Mitten am Tag, mitten in Memphis sank er auf alle viere und würgte eine bittere Flüssigkeit auf den Gehsteig.

Als ihn seine Beine wieder trugen, ging er zurück zum Motel, ins Halbdunkel seines Zimmers. Er streckte sich auf dem Bett aus, und es wogte unter ihm wie der Ozean. Die Decke drehte Pirouetten wie in Himmelsstürmerfilmen. Er fürchtete abzuschmieren.

Als es dunkel war und er müde, hatte er sich so weit eingekriegt, daß er wieder hinaus konnte. Er ging zu Tiffany's und G. G.'s Angels in der Winchester Street, Erwachsenen-Unterhaltung vom Feinsten, wo stets neue Erfahrungen winken. Ein paar von den Mädchen waren hübsch, andere weniger. Ein paar von ihnen so schön, daß einem glatt das Herz schmolz. Er fand nicht das, was er suchte, deshalb ging er weiter zu den Blues-Clubs und Pfandleihen.

Er sah die Junkies quer über die Beale Street laufen. Sie waren leicht zu erkennen, weil sie sich besonders normal benahmen, wie Geschäftsleute oder Pastoren. Er folgte ihnen in eine Gasse, wo sie ein Holzkohlenfeuer schürten – nicht weil die Nacht so kalt gewesen wäre, sondern der Tag so heiß und ihr Blut so dünn.

Er fragte sich, wie sicher man hier in den Sträßchen und Gassen abseits der Beale Street war, doch dann wurde ihm klar, daß er selbst zu der Sorte gehörte, vor der sich die meisten fürchteten, zumindest die hier. Sie fingerten an ihren Knöpfen herum, redeten hektisch und hörten Stimmen. Redfield rauchte mit tiefen Zügen. Er hatte Glühbirnen hinter den Augäpfeln, spürte, daß er im Sterben lag. Er begann zu singen: «*... living on the road my friend, gonna keep you free and clean. Now you wear your skin like iron, breath as hard as kerosene. Weren't your mama's only boy, but her favorite one it seems. She began to cry when you said goodbye and sank into your dreams...*»

Auf dem Rückweg zum Motel machte er bei einem Bob's-Big-Boy-Restaurant halt.

Er bestellte sich Kaffee, Cola und Orangensaft. Dann legte er den Kopf auf die Theke und schloß die Augen.

Die Bedienung ließ ihn eine Weile so da sitzen, denn es war nicht viel los, und außerdem hatte er den Kopf fein säuberlich auf die Speisekarte gelegt, als sei er extrem weitsichtig. Schließlich ging sie zu ihm, weil sie befürchtete, er würde seine Drinks umstoßen oder könne nicht sehen oder lesen.

«Hey», sagte sie. «Kennt man dich nicht aus dem Kino? Du hast so was von einem Filmstar an dir.»

«Ich bin Schauspieler», erwiderte er und rieb sich die Augen. «Ich recherchiere für die Rolle meines Lebens. Um dann einen Film draus zu machen. Tun wir ja im Grunde alle. Wahnsinnig laut ist es hier.»

«Du erforschst dein Leben?»

«Ja. Das hab ich alles schon mal gemacht, nur ist mir's damals nicht klargewesen, weil ich da nichts als Erbmasse war.»

«Sie da meint, du wärst Tom Cruise. Du bist nicht Tom Cruise, oder?» Die Bedienung sah hinüber zu ihrer Freundin am anderen Ende der Theke, dann wieder auf Redfield.

«Nein, bin ich nicht», sagte der. «Zumindest nicht mehr, aber andererseits, ist er's selber? Wir waren's beide mal, aber jetzt sind wir's nicht mehr.»

«Es ist Tom Cruise», rief sie ihrer Freundin zu. «Ich hab's gewußt.»

«Frag ihn, wie er zu der Narbe im Gesicht kommt», rief die andere zurück.

«Das war ein Schnitt, und als sie's genäht haben, ist 'ne Narbe geblieben. Von was für einer Narbe sprecht ihr überhaupt?»

«Er ist nicht Tom Cruise», tönte es vom anderen Ende der Theke.

«Nicht mehr. Früher war er's mal. Er verändert gerade sein Image. Drehst du auch mal 'ne Szene, in der wir vorkommen oder Leute wie wir?»

«Klar.»

«Und wer spielt uns?»

«Entweder ihr selbst oder jemand anders.»

Ihre Hände lagen auf der Theke. Redfield betrachtete sie. Die Haut war so weiß, daß sie durchscheinend wirkte, ohne jede Vene, nur mit einem Hauch von Sonnenbräune, und sie berührte das Resopal wie Luft, so sanft, daß er wegsehen mußte.

«Die sind das Beste an mir», erklärte sie. «Ich hab gehofft, daß sie dir auffallen. Ich würde gerne Hand-Model werden, wenn ich mit der Schule fertig bin.»

Als sie seine Hand berührte, mußte er hinsehen, um sicher zu sein, daß sie es tat.

«Wann kommst du hier raus?»

«Überhaupt nicht.»

«Sag schon. Wann?»

«Ich komme nur bei meinem Freund.»

«Ah, verstehe. Komm doch einfach bei mir.»

«Das werd ich nicht tun, aber reden tu ich mit dir.»

Redfield lachte und dachte daran, wie schwer die Brüste in ihrem Kittel sein mußten. Ihre Freundin kam herüber. Sie war älter und schon ziemlich abgebrüht, hatte diese Mit-

Arschlöchern-wie-dir-hab-ich-schon-viel-zu-oft-zu-tun-gehabt-Art an sich. Jetzt erst sah Redfield, daß auch sie hier bediente, fragte sich, warum ihm das nicht früher aufgefallen war, und erschrak.

Sie fragte: «Was hältst du eigentlich von Frauen mit Brille?»

«Mir egal, Hauptsache, sie haben 'n dicken Hintern. Soll ich dir auch mal einen vorschnoddern?»

«Hör zu, Honey, mal ganz unter uns Blindgängern, nimm doch gefälligst deinen Scheißhelm von meiner Theke.»

«Hast du grad den Mund voll oder redest du immer so? Du solltest ihn dir mit Steinen vollstopfen, an den Strand gehen und das Meer anjaulen. Ist hier einer namens Old Black Dog vorbeigekommen und hat nach mir gefragt?»

*

Es war spät, als Redfield ins Motel zurückkam. Das Ausziehen bereitete ihm Schmerzen. Er wagte es, sich aufs Bett zu legen, nahm die Gefahr der Wallungen und Knüffe in seinem Körper in Kauf. Der Schmerz kam schnell, hielt eine Zeitlang an und verschwand. Er glaubte schon, er könne ein wenig Schlaf finden, als die Kellnerin klopfte. Sie meinte, sie wolle es drauf ankommen lassen, und erzählte ihm, alle Männer, die sie kannte, hielten sich für Elvis, Richard Petty oder Lionel Richie.

«Soviel zu den Männern», sagte er. «Und was ist mit den Frauen?»

«Na ja, die Frauen lieben die Männer.»

«Komm rein», sagte er. «Mach's dir bequem.»

«Meine Mutter hat früher bei Woolworth gearbeitet», sagte sie. Sie hatte sich im Schneidersitz aufs Bett gesetzt und die perfekten Finger ineinander verflochten. «Wenn nicht viel los war, hat sie in der Tierabteilung die Affen losgelassen. Sie hat diese langen lackierten Fingernägel, und jedesmal, wenn sie sich kratzt, kommt's mir vor wie meine eigene Haut. Kann ich dich was fragen?»

«Klar.»

«Bist du Arzt? Wir hatten hier mal einen mit 'nem Motorrad.»

«Nein, ich bin kein Arzt.»

«Kann ich dir was erzählen?»

«Klar.»

«Meine Mutter hat ihren Schäferhund darauf trainiert, den Leuten zwischen den Beinen zu schnüffeln, um sie verlegen zu machen.»

«Komische Idee.»

«Weißt du, wie sie das gemacht hat? Sie hat sich selbst da unten mit Bratensoße eingeschmiert und sich von ihm abschlecken lassen.»

«Mein Gott», sagte Redfield.

«Kann ich dich noch was fragen?»

«Was denn?»

«Bumsen wir jetzt, oder quatschen wir bloß die ganze Nacht?»

Redfield fiel wieder die riesige Zunge ein, und er fühlte sich, als wäre er durch eine Eisdecke gebrochen, nur daß es der Himmel war und sein Fall endlos. Das war das einzige, woran er sich nie erinnern wollte, und jetzt war es da, wütete in seinem Kopf, tobte durch sein Gehirn. Sein Magen begann zu rebellieren. Er kam gerade noch rechtzeitig ins Bad, um ein Gemisch aus Wasser, Cola, Orangensaft und Kaffee ins Klo zu kotzen. Seine Gedärme pochten gegen die Rippen wie Vorschlaghämmer.

Als er zurück ins Zimmer kam, war sie weg.

*

Am Morgen fuhr er rein nach Memphis, um Kaffee zu trinken und sich eine Zeitung zu kaufen. In der Zeitung sah er

Symbole: einen Löwen, eine Eidechse und ein Kamel. Über jedem war ein Auge mit einem dicken Lid, und sie waren beinahe fünf mal fünf Zentimeter groß. Er meinte, sie sagten ihm etwas, aber erst mal mußte er rausfinden, ob sie nicht etwas Amtliches waren, ein Produkt der Handelskammer vielleicht.

Er fragte einen Polizisten und eine Bedienung. Er fragte den Zeitungshändler und einen Hot-dog-Verkäufer. Er ging durch die nach Pisse riechenden Straßen. Niemand wußte es. Er fragte ein paar japanische Touristen, bekam aber nicht heraus, ob sie es wußten, weil sie kein Englisch sprachen. Sie lächelten ihn nur an, als könnten sie sich damit vor solchen Irren schützen. Er sah einer kleinwüchsigen Obdachlosen nach, die in einem abgelegten Laura-Ashley-Modell die Straße entlanglief. Sie ging völlig gekrümmt und seitwärts, den Kopf zur Seite gedreht, um zu sehen, wo sie hinging. Es dauerte ewig. Er ging in den Confederate Park und spazierte zwischen den Pennern herum, die auf den Bänken schliefen oder über den Mississippi schauten, auf etwas weit drüben in Arkansas.

Auf einem Schild stand FREESTONE - PFIRSICHE. «Wenn ich aus Memphis wär, würd ich auch den Blues singen», sagte er zu niemand Bestimmtem.

Er legte sich in die Rechtskurve der Highway-Auffahrt, ließ den Asphalt unter den Reifen quietschen und fuhr am Umspannwerk und an der Pyramide vorbei über den Mississippi in Richtung Little Rock. Mein Leben in Kurzschrift, dachte er. Little Rock, 1954. Die zweiundachtzigste Luftlandedivision. Tod vom Himmel.

*

Ein Stück weiter umfing ihn eine Woge heißer Luft. Er hörte, wie sich die Reifen vom heißen, klebrigen Asphalt schälten. Route 40 West, geradeaus nach Westen. Neue, schildkrötengleiche Militärjeeps kamen ihm entgegen. Eisenhower hatte diese Straßen für Tage wie heute gebaut, Tage der Mobilmachung. War wieder Krieg, und niemand hatte ihm etwas davon gesagt?

Ein Stück vor ihm mußte jemand die Straße aufgerissen haben, denn in dem grauen Dunstgürtel hing der Geruch von alten Schuhen.

Cache River. White River. Er trank Mountain Valley Spring Water, das Lieblingsmineralwasser von Elvis, abgefüllt an der Quelle im Hot Springs National Park, Arkansas. Da lag ein totes Gürteltier.

Bei Lonoke wurde Luft so drückend, daß sie zu schwitzen schien. Irgendwie cool. Manche der Entgegenkommenden fuhren bereits mit Licht. Er fürchtete, es würde bald regnen. Bislang war ihm der Wettergott gnädig gewesen.

Er hatte den Gedanken kaum zu Ende gedacht, da kam ihm eine Viertelmeile lang Regen entgegengepeitscht, heißer Regen, der auf dem Asphalt zischte. Vor ihm lag eine Unterführung, aber da die Straße wieder trocken wurde, fuhr er weiter. Die Luft in dieser Nach-Regen-Welt roch nach Chlor, nach Flußbett. Ein paar Meilen später war er wieder trocken.

Kurz vor Little Rock überholte ihn ein Auto. Am Steuer saß ein Mädchen mit nackten Schultern. Sie hatte ihr blondes Haar hinten zusammengebunden. Eine typische Amerikanerin, und auf dem Beifahrersitz schlief ihr Freund. Als Redfield sie überholte, sah sie nicht einmal zu ihm herüber.

Redfield sang: *«I see my light come shining, from the west down to the east, any day now, any day now, I shall be released.»*

Er fragte sich, warum das Licht in dem Lied von Westen nach Osten schien. Einfach weil Abend war und die Sonne über den Sänger hinweggezogen? Hat Licht aus dem Westen irgendwas Besonderes? Oder war es nur wegen dem Scheiß-Reim?

Er hängte sich hinter einen Kenworth, der nach Westen donnerte, diesem Licht entgegen. Hielt sich im Windschatten, ließ sich vom Sog des Trucks mitziehen. Ein unaufmerksamer Augenblick, und man konnte ihn vom Heck seines Vordermanns kratzen. Auch das ist mein Leben, dachte er. Er dachte es wie eine Frage.

Beim Durchqueren der Zeitzonen ließ er die Stunden hinter sich und gewann Leben. Wenn er schnell genug wäre, könnte er mit dem Licht Schritt halten. Dann würde es nie dunkel. Und er würde jünger, zum Kind, zum Ungeborenen. Ganz allein. Zurück in die Vergangenheit. Oder war es genau umgekehrt, und er verbrauchte sein Leben, wurde älter? Er geriet in Panik. Das war bei siebzig Meilen die Stunde, drei Meter hinter massenhaft dahinrasendem Stahl, nicht gerade empfehlenswert.

Er fuhr an einem umgekippten Mobile Home vorbei, das aufgebrochen neben dem Highway lag, hielt an und machte kehrt. Dem Fahrer fehlte nichts. Er saß am Straßenrand und rauchte eine Zigarette.

«Holt schon jemand Hilfe?» fragte Redfield in einem Ton, als ginge es um ihn selbst, als hätte er gesagt, Mann, bin ich froh, dich zu sehen.

«Ja, grad ist einer losgefahren.»

«Du hast jemandem die Bude kaputtgemacht.»

«Ja, ich hab denen ihr Scheiß-Haus kaputtgemacht.»

«Wessen Haus ist es denn? Wissen die, daß du's kaputtgemacht hast?»

«Kann ich mir nicht vorstellen. Ist doch grad erst passiert.»

«Kommt in den besten Familien vor.»

«Ja», meinte der andere amüsiert. «Ein kaputtes Zuhause, das gibt's in den besten Familien.»

*

Redfield kam auf eine Anhöhe und sah Sonne über Wasser. Hätte das Meer sein können. In seiner Vorstellung war es riesig und nahm kein Ende, und dann war er auf der Straße mittendrin. Die Luft roch sauber und frisch wie an einem tiefen Gewässer. Das Wasser war trübe blau und lichtdurchwirkt. Er sah ein paar Wasserskifahrer.

Auf der linken Spur kam ein Auto nicht an ihm vorbei. Auf dem Beifahrersitz saß eine Frau, die die Füße aufs Armaturenbrett gelegt hatte. Er dachte, wie schön sie ist. Vor ihm fuhr ein Kerl mit dürrem Hals und einem Aufkleber mit der Aufforderung FEIERT NACKT.

«Mist», sagte Redfield. Er war jetzt ganz schön weit weg von zu Hause, hier draußen in Oklahoma. Um die zweitausend Meilen, dachte er und fühlte sich wie an einem langen Band, das sich immer weiter dehnte. Je länger er unterwegs war, um so straffer wurde es, und er wartete darauf, daß es riß. Er sah auf die Uhr, es war zehn vor vier. Als er noch einmal draufsah, war es zehn vor fünf. Und beim drittenmal zehn vor sechs. Er hielt zum Tanken an, und weil er Bargeld sparen wollte, verhökerte er seine Armbanduhr für eine Tankfüllung bleifreien Sprit.

Etwas später fuhr er auf einen Rastplatz. An der Tür zur Herrentoilette hing ein Zettel.

Hilfe. Wir (♂/♀) brauchen dringend Hilfe. Nach einem Motorschaden ist unser ganzes Geld für die Reparatur draufgegangen. Wir brauchen Benzin und was zu essen, müssen zurück nach Lawton, Oklahoma. Freuen uns über jede Hilfe. Wir sind in dem schwarzen GMC-Pickup mit dem Camping-Aufbau. Vielen Dank.

Als Redfield wieder herauskam, gab er ihnen einen Zehner. Der Typ hatte einen Bauch und erweckte den Anschein, er habe eine versteckte Behinderung. Auf dem Pickup lagen Matratzen mit blauem Bezug und ein paar wertlose Möbel.

«Vielen Dank», sagte die Frau. «Das hilft uns sehr. Jede Kleinigkeit hilft.»

Redfield erwiderte nichts, verzog nur den Mund zu einem Lächeln und fuhr weiter.

Als er Oklahoma City erreichte, war es schon stockdunkel. Seine Augen hatten sich nicht schnell genug umgestellt, und die Lichter funkelten und verschwammen vor ihm. Die Straße führte jetzt bergab und schien in einem Betonhindernis zu enden, das sich dann als Brücke erwies, die über den Highway führte. Er geriet einen Moment lang in Panik, fürchtete, sich vertan und in eine gefährliche Situation gebracht zu haben. Das machte ihn munter.

Er sah, wo er war. Der Verkehr wurde dichter. Immer wieder tauchte eine Reklametafel auf, eine Frau im weißen Bikini, die für Coors-Bier warb. Ein ums andere Mal fiel sein Blick auf sie. Er wollte, daß sie verschwand.

Ich will nicht hier sein, dachte er. Warum bin ich bloß gegen meinen Willen hierher gekommen? Wenn mich nur irgend jemand zu Hause erwarten würde. Ein Mensch, an den ich denken könnte. Jemand, den ich vermissen kann und der nur mich vermißt.

Er versuchte sich an Priscilla Presleys Lieblingsparfum zu erinnern, doch der Name fiel ihm nicht ein. Er hatte auf einem Schild vorne im Tour-Bus gestanden, und in den Geschenkläden gab's jede Menge davon, aber er kam nicht mehr drauf.

Der Verkehr wurde schwächer, und allein auf der Straße war ihm wohler. Er wünschte sich, er könnte den Blues singen wie Roosevelt Booba Barnes, und dann zog er sich für ein paar Stunden in sich selbst zurück, um die Meilen, die vor ihm lagen, schneller zu überwinden, um die vor elektrischer Energie strahlenden und summenden Umspannwerke kurzzuschließen und die Gasfelder und ihre Feuergeysire zu riechen.

So in sich zurückgezogen, löste er außerordentliche mathematische, naturwissenschaftliche, medizinische und philologische Probleme. Er schrieb Gedichte, komponierte Musik, die Luft von Ölgeruch erfüllt und vom Licht der Sterne. Howlin' Wolf in seinem Kopf. Links und rechts war die Erde tintenschwarz, und er stellte sich vor, es wären Meere von Öl. Und obendrüber das ferne Licht. Und die Straße ein Damm, der hindurchführte. Schon oft hatte er zu hören bekommen, mit deinem IQ müßtest du ein Genie sein. Ich war ein Genie, hab mich aber vor langer Zeit auf ein durchschnittliches Niveau herabbegeben, weil ich mich da wohler fühle. Jetzt kommt ein klarer Augenblick, ein Moment der Satori-Erleuchtung, und dann wird's ganz verschwommen und schwindet dahin wie verwehter Staub.

Das weite Land westlich von Little Rock, von Flüssen durchwebt: Canadian River, Arkansas, Cimarron und Red River. Ein Gebiet, wo man nur zwei oder drei Leuten ihren Besitz abkaufen müßte, und schon könnte man eine eigene Nation aufmachen.

Von der Interstate aus sah er eine Garage und einen Mann darin. Von der Motorhaube seines Pickups hing eine Pannenlampe. Redfield konnte nichts hören, aber er sah, wie der Mann sich bewegte. An den holzverkleideten Innenwänden hingen Werkzeuge. Vielleicht wartete er darauf, daß seine Frau nach Hause kam. Jedenfalls machte er sich an einer Werkbank zu schaffen, und dann war Redfield bereits eine halbe Meile weiter.

Ein Viehtransporter ratterte vorbei, und Redfield fühlte sich wie betrunken von dem Gestank, der von ihm ausging. Es mußte ungefähr Mitternacht sein. Sein Kilometerzähler zeigte eben wieder die Endziffern 666. Er lachte. Es gab schon merkwürdige Zufälle. Er fragte sich, wie der Westen von Oklahoma wohl bei Tageslicht aussah. Die Hinweisschilder waren jedenfalls wie überall in Amerika.

Westlich von Oklahoma, im endlosen Texas, beflügelte

ihn der Getreidegeruch, der sich jetzt zum Gestank des Kuhmists gesellte. Große Silos zeichneten sich im Dunkel ab. Hier zu leben ist eine beängstigende Vorstellung. Wenn man zum Pinkeln vors Haus geht und sieht, wie sich der Himmel zur Erde herabsenkt, wie meilenweit im Umkreis nichts den Blick behindert. Selbst in der finstersten Nacht käme es einem vor, als würde man in aller Öffentlichkeit pinkeln. Über die Türschwelle in die Nacht hinauszutreten würde bedeuten, jegliches Gefühl für den Raum zu verlieren. Man könnte nur geduckt gehen, mit zwischen die Schultern gezogenem Kopf, eingeschüchtert von der Weite des Himmels und der eigenen Winzigkeit.

Er fuhr auf eine Raststätte, um zu tanken und Kaffee zu trinken. Als der Tank voll war, wankte er durch die Tür hinein und ließ Kaffee in einen Styroporbecher laufen, riß das Trockenmilchtütchen auf und kippte den Inhalt in den Kaffee. Dann riß er noch eines auf und leerte es in den Papierkorb.

«Du siehst fertig aus, mein Junge.»

«Bin heut morgen von Memphis weg.»

«Wohnst du da in der Nähe von diesem Dollywood-Freizeitpark?»

«Nein, ich lebe im Norden von New York», antwortete er, und das Licht summte wie ein Bienenschwarm.

«Da zieht mich nichts hin. Paß bloß auf die Bullen hier auf. Die sind scharf auf dein Geld.»

«Sind welche unterwegs heut nacht?»

«Die sind jede Nacht unterwegs. Einen haben sie sich heute schon geschnappt. Der war aus Connecticut. Die lassen keinen aus'm anderen Bundesstaat laufen, ehe er nicht das Bußgeld gezahlt hat.»

Er konnte die Blinklichter auf den Hochspannungsmasten sehen. Wie heißgelaufene Sterne, die Löcher in den Himmel gebrannt hatten. Winzige Flämmchen, wie Zündflammen in Backöfen. Von vorne sahen die Lkws jetzt ganz gut aus. Nur schade, daß sie ihm entgegenkamen.

Dieses texanische Dunkel. Redfield und die Trucks. Ihr Sog in seinem Rücken. Ihre Lichter wie glühende Kohlen vor ihm: vier, fünf, sechs, rot, gelb, blau. Sie redeten per Scheinwerfer miteinander. Blitzende und blinkende Wörter. Sie sagten: Du bist vorbei, komm wieder rüber. Mach ich, sagten sie. Und: Danke schön.

Sie versammelten sich auf den Rastplätzen, einer neben dem anderen, geparkt wie schlafende Elefanten, mit leise im Leerlauf pochenden Motoren und schlummernden Lichtern. Träume von Frauen, von Männern, von Pferden. Eine Art Friedhof.

Der Himmel war zart schwarz, wie Kohle. Er fuhr wieder einem Unwetter entgegen, betete darum, nicht naß zu werden. Als es zu regnen begann, hämmerten die Tropfen wie Steine auf seinen Helm. Er verließ die Straße und rollte sich unter einer Brücke in seine Decke.

Zeit verging. Träume. Manchmal hasse ich meinen Vater, weil er mir gesagt hat, wie mein Leben sein wird. So hat er es mir gestohlen. Es macht ihn nicht froh, recht zu haben. Eher traurig. Es macht ihn traurig, einen Sohn zu haben, dem er die Wahrheit über das Leben sagen muß. Jedesmal wenn er mich anschaut, sieht er, wie er selbst früher war. Dann wird ihm um so klarer, was aus ihm geworden ist. Für mich ist er ein großartiger Mensch, aber er sieht sich als jemand, der's zu nichts gebracht hat. Er sagt: Ich bin die Wahrheit, und er meint mich. Er sagt: Wahrheit hat was mit Jugend zu tun. Mit Perspektiven und Chancen. Ich bin nicht zu widerlegen. Nicht zu leugnen. Sein Fleisch und Blut. Schlimmer hätte es kaum kommen können, es sei denn, ich wäre eine Tochter. Eine Tochter ist wie eine Nadel im Herzen, ein Sohn nur wie ein Hammer in der Brust. Mein Vater liebt mich so sehr, daß für ihn selbst keine Kraft mehr bleibt. Meine Mutter liebt er anders. Sie zu lieben bringt ihm Freude. Läßt ihn aufleben.

Als er aufwachte, spürte er ein Brennen in den Gedärmen und versuchte gleich wieder einzuschlafen, doch da stand jemand und brüllte ihn an, leuchtete ihm mit einer Taschenlampe genau ins Gesicht. Ein Polizist, der auf der Straße stand und zu ihm hoch sah.

«Buenos nachos», sagte Redfield.

«Du hast hier nichts zu suchen.»

«No lo contendere.»

«Verstehst du Englisch?»

«Klar.»

«Dann komm da runter, du Klugscheißer.»

Während Redfield langsam und steifbeinig die Betonrampe hinunterrutschte, fiel ihm wieder ein, wo er war.

«Papiere.»

Redfield gab ihm seinen Angelschein.

«Den nicht, du Schlaumeier.»

«Entschuldigung. Ich hab Sie für den Oberförster gehalten. Morgen früh wollt ich nämlich angeln gehen.»

«Schon mal Schwierigkeiten gehabt?»

«Klar, früher hab ich ins Bett gepinkelt.»

Der Polizist mußte lachen. Er hatte schon von Redfield gehört.

«Einmal hab ich auf 'ner Party einen Goldfisch aufgegessen. Hat mir 'ne Klage eingebracht, und ich bin vor dem Fernsehgericht gelandet. Der Richter war gegen mich, aber der Gerichtsdiener und der Reporter fanden's lustig. Doch die Mühlen der Justiz mahlen unaufhaltsam.»

«Du warst im Fernsehgericht?»

«Nein. Hab ich erfunden. Tut mir leid, daß ich Sie so enttäuschen muß.»

«Ich hoffe sehr, daß du auf kürzestem Weg aus Texas verschwindest.»

«Klar, aber eigentlich sollten Sie Ihr ganzes Hoffen auf Gott richten.»

«Johnny Dupree hat gemeint, ich soll dich grüßen, falls ich dich treffe.»

Redfield schüttelte den Kopf und fing an zu lachen. Tränen traten ihm in die Augen.

«Und wohin fährst du?»

Redfield tupfte sich die Wangen ab. Er war durcheinander, versuchte sich darüber klarzuwerden, ob er lachte oder weinte, und wenn er weinte, warum. Er holte Luft, sog immer wieder den Mund voll. Johnny Dupree fehlte ihm sehr.

«Ich such einen Platz, um meine Kinder großzuziehen», sagte er.

«Du hast Kinder?»

«Nein, ich wollte erst mal den richtigen Platz finden.»

*

In Amarillo verließ Redfield den Highway. Ihm wurde klar, daß er von Energie gelebt hatte, die gar nicht da war. Das kann tödlich enden.

Die Frau an der Rezeption des Big-Chain-Hotels sagte ihm, es sei nichts frei. In der ganzen Stadt nicht. Diese Woche schien eine Luftfahrtschau stattzufinden.

«Könnt ich mich nicht 'ne Weile da auf die Couch legen?»

«Tut mir leid, das geht nicht», sagte sie. Das lernten sie auf der Hotelfachschule.

«Und da drüben, bei den großen Blumen. Könnt ich mich da nicht dazulegen? Ich fall gar nicht auf, kann aussehen wie 'ne Blume.»

«Tut mir leid, das geht auch nicht.»

«Jetzt hören Sie, ich komme aus der Zentrale und soll testen, wie hilfsbereit Sie gegenüber müden, suizidgefährdeten Gästen sind.»

«Reden Sie keinen Unsinn.»

«Gut, ich bin obdachlos. Fleischgewordene Statistik. Wirklich. Ich bin steischgewordene Flatistik.»

«Tut mir wirklich leid, aber ich kann Ihnen nicht helfen.»

«Höflichkeit ist ja auch schon was. Schauen Sie mal, Sie können mich doch aufnehmen. Das ist so ein großes Haus hier, sicher mit Hunderten von Zimmern.»

«Die sind alle belegt.»

«Na gut, dann legen Sie mich einfach zu jemand anders ins Zimmer, wie in *Moby Dick* oder *Johnny Tremain*. Klopfen Sie irgendwo. Fragen Sie rum. In allen großen Romanen schlafen Leute in fremden Betten.»

Redfield versuchte, die Dringlichkeit in seinem Ton zu unterdrücken. Er hatte das Gefühl, sie stellte ihn bloß.

«Würden Sie jetzt bitte gehen, Sir.»

«*Sir*, das ist gut. Hey, wollen Sie nicht einer von diesen tausend Scheiß-Lichtpunkten sein? Schreiben Sie sich doch wenigstens meinen Namen auf, damit Sie sich richtig beschissen fühlen können, wenn ich heute nacht sterbe.»

«Ihr Name interessiert mich nicht. Gehen Sie bitte.»

«Ich sag ihn Ihnen trotzdem. Ich heiße Raymond Romeo Redfield. RRR. Wie 666, aber meine Freunde nennen mich Horace. Blödsinn, niemand nennt mich Horace. Horace ist ein Typ, mit dem ich zur Schule gegangen bin. Einmal haben wir uns ein Brett geschnappt und ein Garagenfenster eingeschlagen. Er hat Prügel gekriegt. Ich einen Vortrag. Über Einsteins Relativitätstheorie. Relativ unverständlich, das Ganze. Sie haben da unten nicht irgendwelche geheimen Knöpfe, oder?»

«Ich werde den Sicherheitsdienst rufen.»

«Nein. Warten Sie. Nur noch eine Frage.»

«Was denn noch?»

«Stimmt es, daß ein Hundemaul sauberer ist als ein menschliches?»

Sie griff nach dem Telefonhörer.

«Sie hätten fragen müssen, ein menschliches was? Nein, hören Sie zu. Wer macht eigentlich die Kerne aus all den Oliven? Wußten Sie, daß die Deutschen Wörter für Dinge haben, für die es bei uns schon phantastische Wörter gibt? Ich kann alle Sprachen außer Spanisch. Kommt mir spanisch vor. Kennen Sie das: Wenn Fliegen hinter Fliegen fliegen, fliegen Fliegen hinter Fliegen her? Was ist los? Alles was nicht angebunden ist. Was sagt die Zeit? Höchste Zeit zu verschwinden.»

Redfield ging durch die Tür hinaus in die warme Nacht, begleitete seine Sprüche mit Armbewegungen. Er fragte sich, ob er im Begriff war, den Verstand zu verlieren, ob sich das so anfühlte.

«Klopf, klopf», schrie er. «Wer da? Da da da. Wer hat Angst vorm schwarzen Mann? Wie kommt das Geräusch in den Klettverschluß? Ist Mitternacht noch heute oder schon morgen? Kommt mein Pimmel auch in'n Himmel? Wenn Elvis Presley tot ist, warum wird er dann nie am gleichen Ort gesichtet? Was ist schneller, das Tageslicht oder das Dunkel der Nacht? Wer war zuerst da, die Henne oder das Ei? Scheiß drauf.»

Sie kam an die Tür und sagte ihm, er mache ihr angst.

«Bitte schicken Sie mich nicht raus auf die Straße. Sperren Sie mich in einen Wandschrank. Ich glaub, bei meiner Gehirnerweiterung ist was schiefgegangen. Sagen Sie zehnmal schnell nacheinander: Der Whiskeymixer mixt Whiskey. Was meinen Sie, wie wüst die Wüste Gobi ist?»

Redfield raste im Zickzack über den Parkplatz, kickte Coladosen von sich und stieß mit den Füßen ins Gebüsch; dabei zitterte er am ganzen Körper, von kaltem Feuer erfaßt.

Ein Wagen fuhr vor. Junge Männer in Dreiteilern, nicht viel älter als er. Sie standen an der Glastür und sahen zu, wie er herumtanzte. Er deutete hinauf zu der Neontafel des Big-

Chain-Hotels. Darauf wurden die Mitglieder des Rechtsanwaltsverbands willkommen geheißen.

«Hey», rief er ihnen zu. «Was sind dreihundert Rechtsanwälte am Meeresgrund?»

«Kein schlechter Anfang», riefen sie zurück.

7

Ich muß meine Mission erfüllen», sagt er im Schlaf.

Er ist noch ein Junge, denkt sie.

«O Mann», sagt er.

Juliet sitzt am Bettrand und feilt sich die Fingernägel. Sie hat darüber nachgedacht, wie sie ihr Leben wieder zusammensetzen kann aus all den Bruchstücken, die über den ganzen Kontinent verstreut zu sein scheinen. Erst mal abwarten. Sie fürchtet, es wird wie bei einem Puzzle sein, am Ende fehlen ein paar Teile, die nie wieder auftauchen. Blöde Vorstellung. Blöde Puzzles. Man strampelt sich ab, um sich dann wie amputiert vorzukommen. Was bringt das. Erst mal wird sie sich die Nägel feilen. Und sie vielleicht lackieren. Sie weiß, sie wird wieder vergessen, was sie vorhat, wird am Ende mit einer halblackierten Hand dasitzen.

Ihr Vater hat immer gesagt, es kommt eine Zeit, da kann man sich nur noch mit seinen Kindern freuen oder mit ihnen traurig sein. Sie beginnt zu weinen, läßt die Feile auf den Boden fallen. Bei fünf Fingern, was ist da eine halbe Hand?

Von ferne nähert sich eine Gewitterwolke, die Regenschleier hinter sich herzieht. Sie geht ins Bad und schiebt sich das T-Shirt hoch. Ihr Nabel ist wie ein Auge mit Lid, das sie anstarrt. Sie fand ihn immer ausgesprochen hübsch. Ihre Brüste schmerzen. Sie löscht das Licht und drückt Milch ins Waschbecken, um den Druck zu verringern. Als sie nicht mehr ganz so schwer sind, wäscht sie sich das Gesicht und geht zurück ins Schlafzimmer, setzt sich wieder hin.

Ich bin nicht mehr so verrückt, denkt sie, dann rauben ihr große Flügel den Atem, die sich in ihrem Magen ausbreiten, eine Faust, die ihr die Kehle zuschnürt.

«Ah, Schmerz», ruft sie aus. «Ich bin, ich lebe.»

Redfield rollt sich zu ihr herum. Das ganze Bett bewegt sich dabei, wogt wie ein Erdbeben, wie Meereswellen. Sie ist müde, und ihr ist schlecht. Am liebsten würde sie aus sich heraustreten, nicht mehr die sein, die sie ist. Wenn sie nur aufstehen und dieses Schaukelbett verlassen könnte. Sie schiebt die Haare zurück und schüttelt den Kopf. Dann legt sie sich hin und schließt die Augen, wünscht den Schlaf herbei.

Redfield träumt einen Traum, den er schon kennt. Er sitzt in einem Café und quatscht ein hübsches Mädchen an. Und zwar so:

Darf ich mal an deine Titten?

Bitte? entgegnet sie.

Ich hab gesagt, darf ich dich um Feuer bitten?

Von wegen. Du hast gesagt, darf ich mal an deine Titten.

Stimmt. Ein alter Witz – wollt mal sehen, ob's echt funktioniert.

Warum nicht, meint sie. Wir sind hier in Texas. In einer halben Stunde hab ich frei.

Sie gehen zu ihrem Apartment und schwimmen ein paar Runden im Swimmingpool. In seinem Traum denkt er, das ist nett, ich hab schon ein paarmal von Texas geträumt in letzter Zeit.

Ich dachte, wir würden was typisch Texanisches machen, in einem Bach schwimmen oder in einem Wassertank. Wassermokassins und Dreieckskopfottern jagen, du weißt schon.

Ich bin nicht aus Texas, ich komm aus Florida.

Blitze beginnen über den Himmel zu zucken, und sie legt die Arme um ihn.

Das macht mich nervös, meint sie. Bei einem Gewitter ist mal mein Anrufbeantworter losgegangen, und meine Freundin hat gemeint, das wär 'ne Botschaft Gottes.

Dann wird sie zu seiner Mutter, und er fragt: Mami, wie kommt Gott nach Florida?

Redfield dreht sich stöhnend auf den Rücken. Er ist mit den Rippen an ihre Schulter gestoßen. Er packt mit der rechten Hand seinen linken Arm und zieht ihn hoch auf den Bauch. Sein Atem geht schwer, fast keuchend. Er spürt, daß er am ganzen Körper schwitzt. Er hebt seinen Arm hoch, streckt ihn in die Luft. Sie rührt sich neben ihm im Bett.

«Was ist los, Honey?»

«Hast du Honey gesagt?» fragt er zwischen den Atemzügen.

«Was hast du denn? Stimmt was nicht?»

«Mein Arm. Ich spür ihn nicht mehr.»

«Dein Arm?»

«Ja. Wenn ich in 'nem fremden Bett schlaf, wird irgendein Nerv in meinem Rücken abgeklemmt.»

«Soll ich mal auf deinem Rücken rumlaufen?»

Stöhnend setzt sich Redfield auf. Ihm wird schummrig, und wo er sitzt, sinkt das Bett ein. Sie spürt, wie sie zu der tieferen Stelle hinrutscht. Er rollt vom Bett, will sich am Boden abstützen, doch sein linker Arm spielt nicht mit. Er kippt gegen das Bett, verschiebt es ein Stück weit, rutscht dann ganz auf den Boden und knallt mit dem Kopf auf die Fliesen.

«Oh», sagt er und fängt so heftig an zu lachen, daß sein Brustkorb hörbar auf den Boden aufschlägt.

Juliet schwingt sich vom Bett und steigt auf seine Schultern. Mit ausgestreckten Armen hält sie das Gleichgewicht und schiebt die Füße an seinem Rückgrat entlang auf und ab. Sie konzentriert sich voll darauf, das Gleichgewicht zu halten, ist überzeugt, ihr Leben hängt davon ab.

«Ein angenehmer Schmerz», sagt er mit durch die Armbeuge gedämpfter Stimme. «Der in der Schulter und der hinten am Arm. Schön warm. Beim Football hat mir mal ein Gegenspieler fast den Arm abgerissen. Wie wenn man ein langes, dickes Gummiband schnalzen läßt. Reingreifen, es rausziehen, auf maximale Länge dehnen und wieder schnalzen lassen. Jedesmal dieser Schmerz. Immer wieder. Ganz erstaunlich. Ich mag diesen Schmerz.»

«Vom kleinen Finger den Arm hoch bis in die Achselhöhle laufen die Herzmeridiane», erklärt sie.

Sie schält sich aus ihrem T-Shirt und wirft es aufs Bett. Ihre Brüste sind dick und naß. Jetzt fühlt sie sich wohl, hat das Gefühl, so ähnlich müßte Surfen sein. Sie beugt die Knie ein wenig und streckt die Arme aus, stellt sich vor, sie ist in einem Zirkuszelt und Redfield ein riesiger Schimmel mit einem Meter zwanzig Brustweite. Er geht im Kanter, sein Rücken hebt und senkt sich im Rhythmus des leichten Galopps. Sie vermißt ihr Pferd.

«Die Tage werden kürzer», sagt sie. Sie kann sie spüren. Zuerst ist es ihr nicht aufgefallen, doch inzwischen ist ihr klargeworden, daß es passiert. Sie sieht nur noch dieses eine. Das Gefühl der Einsamkeit im Dunkel der nahen Berge. «Weißt du», fängt sie an, «auf Satellitenkarten ist das hier der dunkelste Bundesstaat. Ich muß weiter nach Süden. Im Dunkeln werd ich so trübsinnig. Ich zähle auf dich.»

Er sagt ihr, sie soll entweder oben bei den Schultern bleiben oder ganz unten am Hintern. Seine Rippen sind wie Stacheln unter seiner Brust. Ein komischer Schmerz, der ihm Tränen in die Augen treibt.

«Ich mag dein Motorrad. Ich fahr gern damit.»

«Ja, ich fahr auch gern Motorrad. Das bringt dich wenigstens wohin, und wenn du da bist, bist du müde und außer Gefahr. Die gestrichelte weiße Linie. Ich mag es, wie sich das Licht auf den Giftsümpfen in East Orange, New Jersey spiegelt. Das ganze Land ist übersät mit gelben und roten Lichtern. Schönes Amerika. Ich kann das alles schön finden, aber auch häßlich. Wenn ich reise, dann wegen dem Land, nicht wegen den Leuten, und nachts gefällt mir das Land besser als am Tag. Ich will kein Staatsbürger sein. Ich will einfach nur hier leben. Gerade jetzt brauch ich was Schönes.»

«Ich zähle auf dich», wiederholt sie.

«Wie auf Äther. Oder Quecksilber. Oder Strahlung. Ein Messer. Eine Kugel.»

«Nein, im Ernst.»

«Ich kann reines Silber sein. Kann 'n Sechserpack Bier trinken, Pulverdampf schlucken und Knallerbsen kacken.»

«Heute nacht hätten wir ganz offiziell ein Liebespaar werden können», meint sie.

«Nein. So nicht. Wenn ich dich nehme, Baby, dann plötzlich, wild und entschlossen.»

«Wie ein amerikanischer Mann eben», sagt sie und drückt ihre Zehen in seinen Rücken.

«Ich bin ein amerikanischer Mann», meint er.

Sie sitzt auf seinem Rücken, die Knie gebeugt, die Füße am Fußboden, die Ellbogen auf die Knie gelegt und die Hände vor den Brüsten. Sie drückt sich hoch, und er dreht sich auf den Rücken. Als er nach unten schaut, sieht er den weißen Baumwollflecken zwischen ihren Beinen, wie er gespreizt auf ihm ruht.

«Redfield», beginnt sie. «Ich muß dich was fragen. Außer dem einen, daß wir miteinander verwandt sind, stimmt da noch was nicht? Ich meine, du wirst nie steif, kein bißchen.»

«Hm», sagt er. «Das ist schon 'ne ganze Weile so. Seit meinem Unfall.»

«Oh.» Sie sehen einander an, bis sie schließlich mit den Schultern zuckt, ein verkrampftes Lächeln aufsetzt und die Augenbrauen hochzieht.

«Komm, ich hab Lust», flüstert sie. «Auf was zu essen, meine ich.»

Sie stehen auf und gehen in die Küche. Redfield sagt Juliet, sie soll sich schon setzen, er wird etwas zu essen und zu trinken holen. Sie sieht zu, wie er hin und her geht, wie sich seine Muskeln unter der Haut verschieben.

Er bleibt stehen und zeigt auf seine Knie, sagt: «Hör mal!» und geht weiter. Seine Knie klingen wie Alufolie, die zusammengeknüllt wird.

«Klingt, als würd's weh tun. Deine Leiden gehen mir langsam auf den Geist.»

Er steht am Spülbecken und schluckt eine Handvoll Schmerztabletten.

«Meine Knie sind immer wieder mal geschwollen, müssen bloß bandagiert werden. Kein Drama.»

Sie setzt sich auf einen Stuhl und verschränkt die Arme, überlegt, ob sie ihn überhaupt um sich haben will. Sein Schmerz verstärkt ihren eigenen. Sie schüttelt den Kopf darüber, auf was für dumme Gedanken sie so kommt. Sie braucht ihn hier, damit er das Echo dämpft, das Haus mit seinem Jammern und Stöhnen füllt, mit seinem ständigen Gequatsche. Sie fühlt sich so hilflos, so hoffnungslos.

Wieder redet er, diesmal zu den Schränken hin.

«...Meine Vorstellung vom perfekten Leben ist, einmal in der Woche einkaufen zu gehen und alles für ein wirklich tolles Essen zu besorgen, Fajitas zum Beispiel oder Pesto, Tacos, Pizza, Hamburger oder Forelle, Steak und Lasagne. Dann koch ich für sie, und wir essen alles auf und schlecken auch noch die Teller ab, und dann schleck ich sie ab, am ganzen Körper, überall. Und sie schreit vor Lust und ruft, mach weiter, hör bloß nicht auf, mach weiter so. Und heut nacht mach ich für dich Salsa Juliet.»

Heute nacht, wann ist heute nacht? fragt sie sich. Was ist heute nacht? Er ist wie ein Kind. Alles Vergangene ist gestern, alles Zukünftige morgen. Wenn jede Zeitvorstellung fehlt, dauert die Schuld an, die tiefrote Scham, rot wie zum Trocknen in die Sonne gelegte Chilischoten. Sie flicht sich Worte in den Kopf, fädelt sie zu einem Rosenkranz auf, einem Kürbisblüten-Rosenkranz. Wieder spürt sie die Flügel in ihrem Magen. Ihre Gedanken suchen nach ihrem Kind. Was hab ich nur getan? Wie kann ich's je wiedergutmachen?

«...Ich brauche einen Platz zum Ausruhen, ein eigenes Zuhause. Ich bin nicht gerade vom Glück verfolgt. Manchmal kommt's mir vor, als wär das Leben etwas anderes, etwas, das fern von mir abläuft. Etwas, das ich nicht habe und das mich umschleicht, mich angreift wie ein böser Hund. Einmal auf dem New York State Thruway fällt ein ganzes Stück vor mir ein Sperrholzbrett von einem Lkw und kommt auf mich zugeflogen. Es flattert über beide Spuren hin und her, ich hab keine Chance, ihm auszuweichen. Also halt ich einfach drauf, fahr geradeaus weiter. Es hat mich am Finger erwischt. Mehr als zwei mal zwei Meter, und streift nur mit einer Ecke den kleinen Finger. Ich hatte mich ganz tief geduckt, das Kinn auf dem Tank. Es kam genau auf mich zu. Und geköpft werden wollte ich nun wirklich nicht. Und so hat's meinen kleinen Finger erwischt, hat ihn nach hinten abgeknickt. Ich bin ein Risiko für mich selbst, weil ich Schmerzen überhaupt erst spüre, wenn sie verdammt stark sind.»

Redfield hält sich eine Handvoll Koriander ans Gesicht, atmet lächelnd den Geruch ein. Er weiß, sie will ein bißchen mehr von ihm erfahren, möchte ihn zur Ruhe bringen, seine Vergangenheit dazu benutzen, ihn mit ihr zu verbinden, ihn mit sich selbst zu verbinden. Seine Gedanken fliehen, heben in weitem Bogen von der Oberfläche seines Gehirns ab und sprühen bei der Landung Funken. Es gibt so viel, an das er sich nicht erinnern will. Er weiß, daß sie tolle Zeiten erlebt hat und daß das jetzt vorbei ist. Als hätte es in ihrer Familie eine Tote gegeben, sie selbst. Er würde das alles gern von ihr hören, doch er kann den Mund nicht so lange halten, daß sie es ihm erzählen könnte.

«Ich hab immer eine Pistole dabeigehabt, wegen der Fahrt durch New Jersey, ich hab in der Zeitung von diesen Typen gelesen, die Autos aus anderen Bundesstaaten angefahren haben, und wenn die dann anhielten, haben sie die Leute ausgeraubt. Mich kriegen die Dreckskerle nicht, hab ich mir gedacht. Ich werd mir die Pistole in den Schoß legen, und wenn sie dann ans Auto kommen, laß ich das Fenster runter, hör mir an, was sie zu sagen haben und knall sie einfach ab, durch die Tür.»

Sie hört sich fragen: «Wie kannst du dir so was nur vorstellen?»

«Ich weiß, was du meinst. Es kann einem aufs Gehör schlagen, wenn man's zu oft macht – und 'ne neue Autotür ist auch nicht gerade billig. Außerdem war ich eh mit dem Motorrad unterwegs.»

Ihr Atem wird kürzer. Sie möchte ihm sagen, er soll anhalten, eine kurze Pause machen. Sie will sich einigeln, sich kräuseln wie brennendes Papier.

«Dann bin ich an der Vince-Lombardi-Raststätte zum Tanken rausgefahren», redet er weiter. «Und bin an so'n Lahmarsch geraten, der hat mich erst übersehen, und dann ist er ganz langsam angekommen und hat einfach durch mich durchgeguckt. Ich hab versucht, nett zu sein, hab hallo gesagt und Wie geht's, aber der hat mich weiter angeschaut, als wär ich ein Stück Scheiße, das ihn nicht das geringste angeht. Ich hätt ihn umbringen können.»

«Um Gottes willen, Ray, du hast doch drüben im Osten niemand umgebracht?»

«Nein, nein. Aber manchmal hätt ich's gern. Ich hab immer noch das Gefühl, daß ich's irgendwie will. Manchmal packt mich einfach die nackte Wut. Ich geh also ins Schnellrestaurant, und da glotzt mich aus dem Aschenbecher der alte Vince an, mit seinem besoffenen Zahnlückengrinsen. Er schaut zu mir hoch, und ich seh genauer hin, und plötzlich wird alles zu Aschenbechern. Es gibt eine andere Welt irgendwo weit draußen. Wir wissen nicht wo, und wir kommen nicht hin. Was immer wir sagen, was immer wir machen. Wußtest du, daß wir zu achtzig Prozent mit der Nase schmecken?»

«Mein Gott, Redfield. Du bist der lebende Beweis dafür, daß Halbbildung eine üble Sache ist.»

«Ich hab ein ganzes Semester studiert. Einführung in die Soziologie, Einführung in die Psychologie, Einführung in Geschichte, Englisch, Philosophie. Einführung in meinen Schwanz. Hab jede Menge Wörter gelernt. Und was sie bedeuten. Ich kenne die brennenden Themen unserer Zeit. Ich weiß, was *postmodern* und *Dekonstruktivismus* bedeutet.»

«Na was denn?»

«Kann ich dir nicht sagen. Ich hab Stillschweigen geschworen.»

«Viele Wörter sind doch einfach nur erfunden.»

«Ja, sehr viele. Mich interessieren die Worte für wirkliche Dinge. Rollgabelschlüssel, Spandrille, Seidenpflanze, Malachit, Malawi, Nikubori, Drehdel.»

«Das sind nur Namen für Dinge.»

«Schau dir doch mal die blöden Namen an, die sie uns angehängt haben.»

«Ich mag meinen.»

«Ja, du hast auch nicht in der siebten Klasse so'n Arsch von Turnlehrer gehabt, der sich ständig über deine Initialen lustig gemacht hat.»

«RRR. Na ja, könnte schlimmer sein. Wie wär's zum Beispiel mit L. E. Fant?»

«Nenn mich doch, wie du willst.»

Er geht auf und ab, läßt die Muskeln spielen und schwitzt dabei. Sein Blick wird ausdruckslos, und sie weiß, irgend etwas steigt in ihm hoch.

«Warum willst du eigentlich so sein?» fragt sie.

«Ich weiß nicht, wie ich sein will. Höchstens, wie ich nicht sein will.»

«Und wie willst du nicht sein?»

«Ich will nicht schwach sein oder vernünftig.»

Redfield sagt ihr, sie soll einen Moment warten, und trampelt davon. Als er zurückkommt, hat er einen glänzenden Chopperhelm in der Hand, noch in Plastik verpackt.

«Für dich», sagt er. «Den hab ich für dich gekauft, falls du Lust auf einen Ausflug bekommst.»

«Nein», entgegnet sie. «Ich kann nicht weg. Ich kann hier nie mehr weg.»

«Nie mehr?»

Sie zieht die Knie an die Brust und schlingt die Arme um die Beine. In ihrem Gesicht steht *nie mehr* geschrieben, und daß das eine schreckliche Vorstellung ist.

Er sieht, daß der Gedanke, von hier wegzugehen, wie ein Messer in ihrer Brust ist.

«Scheiß drauf», flucht er und schleudert den Helm quer durch die Küche, schmeißt den Toaster um, daß er auf den Fußboden knallt.

8

Spät am Abend kommt ein Mann vorbei. Er sei gerade in der Nähe gewesen und habe gedacht, er könne ja mal reinschauen. Er fragt, ob Karen da ist. Wie lang sie schon weg ist. Schon so lang? Ob man ihm sagen könne, wohin sie gegangen ist. Einfach verschwunden.

Redfield wimmelt ihn höflich ab und geht zu Juliet.

«Diese Dreckskerle», schimpft er.

«Bitte sprich nicht so über sie. Ehe du kamst, waren sie meine einzige Gesellschaft. Ich hab sie reingebeten und ihnen eine Tasse Kaffee angeboten, und ich hatte immer eine Kleinigkeit zu essen für sie, denn manchmal hatten sie Hunger oder waren betrunken. Sie waren immer mit ihr verwandt oder zusammen mit ihr am College gewesen oder irgendsowas.»

«War das nicht ein bißchen gefährlich?»

«Ich bin als Mädchen großgeworden. Kein Selbstvertrauen, kaum Erwartungen ans Leben und wenig Zuversicht. Ich hab mich nach Gesellschaft gesehnt.»

«Nein. Du doch nicht. Sag, daß es nicht so war.»

«Na ja, ich hab dann immer was rausgeholt, was ich mit dem großen Küchenmesser schneiden mußte. Ich hab ihnen Sellerie und Karotten gemacht und das Zeug kleingeschnitten, bis sie schließlich Fotos von ihren Kindern rausgezogen und mir gezeigt haben. Das hab ich als Zeichen dafür genommen, daß die Gefahr vorbei ist.»

«Was meinst du, wer diese Karen war?»

«Einer der Jungs hat mir gebeichtet. Er hat mir erzählt, sie hätte das Haus geführt. Es war so eins, wo nachts die Männer kommen und dafür zahlen, daß sie mit den Mädels Sex haben dürfen. Die Mädels sind immer zwei Wochen am Stück dagewesen, dann ging's weiter nach Flagstaff oder Amarillo. Für Las Vegas waren sie nicht mehr gut genug. Alles lief bestens. Die Typen standen auf die Nette-ältere-Frau-von-nebenan-Tour. Dann wurde der Laden in 'ne Immobilienspekulation verwickelt, und jetzt ist völlig unklar, wie's weitergeht. Das von vorhin tut uns doch leid, die Sache mit dem Toaster, nicht?»

«Ja, das war dumm», räumt Redfield ein.

*

Am nächsten Abend kommt ein anderer Mann vorbei. Redfield ist nicht da, als er kommt. Er ist schon früh morgens weg. Um jemanden zu besuchen, der Rip heißt und südlich von Clovis wohnt. Wegen einem Job, meinte er. Juliet wollte nicht, daß er wegfuhr, sagte aber nichts. Sie bat ihn weder zu bleiben, noch sie mitzunehmen. Jetzt ist sie am Ausflippen. Er müßte längst wieder dasein. Sie hat Angst, daß er nie zurückkommt.

Sie kennt diesen Mann. Es ist Rick. Er hat ihr eine Dose Himbeertee mitgebracht. Rick ist der Mann von Lorelai, und die beiden sind die neuen Eltern ihres Kindes. Sie ist durch eine Kleinanzeige auf sie gekommen: *Liebevolles kinderloses Paar sehnt sich danach, weißem Neugeborenen ein Leben voller Liebe, Sicherheit und Bildungschancen zu bieten. Tennisplatz, Swimmingpool und offener Kamin vorhanden. Anwalts- und Arztkosten werden erstattet. Melden Sie sich bei Rick und Lorelai. Wir rufen zurück.*

Die Anzeige stand direkt über einer für Telefonsex: *Die Liebe ist wieder in Reichweite. Hören Sie auf zu träumen. Erfolgreich seit 1972. Die erste Minute nur drei Dollar.*

Also war sie nach Albuquerque geflogen, und Rick hatte sie in diesem Haus untergebracht, das seiner Firma gehörte. Sie verbrachte viel Zeit mit Lorelai. Sie gingen zusammen zu Geburtsvorbereitungskursen. Lorelai war immer dabei und fühlte sich genauso schwanger wie Juliet.

Danach waren die beiden nicht mehr so fürsorglich. Sie blieb noch ein paar Tage. Eine Psychologin sagte etwas von Wochenbettsyndrom, benutzte Wörter wie schizo-affektiv, atypische psychotische Reaktion und reaktive Psychose und ließ sie die Worte aufschreiben. Wie in der Schule. Sie redete mit ihr wie mit einem Haustier oder als wäre sie ein nettes Dummchen. Erzählte ihr, Rick und Lorelai hätten eine Adoptionsversicherung. Und sie solle nicht auf dumme Gedanken kommen. Lächelte dabei. Dann brachte Rick sie zum Flughafen. Er setzte sie ins Flugzeug, aber mit einem der Motoren stimmte was nicht, und so rollten sie wieder von der Startbahn, zurück zum Terminal. Man erklärte ihnen, man werde eine andere Maschine besorgen und alle Passagiere würden rechtzeitig an ihr Ziel gebracht. Oder man werde ihnen ein Ersatzticket ausstellen, wohin und wann immer sie wollten. Rechtzeitig ans Ziel – an welches Ziel? dachte sie und beschloß, das Ticket irgendwann nach Irgendwo zu nehmen. Dann stieg sie in ein Taxi und fuhr zurück. Sie sagte, sie wolle noch ein paar Tage bleiben, und Lorelai meinte, das sei okay.

«Wir müssen miteinander reden», erklärt Rick.

Das hat sie erwartet. Sie ist jetzt schon fast einen Monat hier, seit der Geburt. Ihr Becken beginnt zu schmerzen. Seit Redfield da ist, hat sie das Heizkissen nicht mehr benutzt. Wo ist er hin? Warum ist er nicht hier?

«Nimm Platz», stößt sie im Ausatmen hervor.

Sie sitzen im Wohnzimmer. Als Rick das letzte Mal mit ihr sprechen wollte, erzählte er ihr, Lorelai leide an Schlaflosigkeit. Sie habe starke Stimmungsschwankungen und akustische Halluzinationen. Er fragte, ob er seinen Kopf in ihren Schoß legen könne. Sie sagte, besser nicht.

Sie fragt ihn, ob sie ihm etwas zu trinken anbieten kann, vielleicht auch etwas zu essen, doch er lehnt ab.

«Juliet», setzt er an. «Wir müssen über deine weiteren Pläne sprechen.»

«Müssen wir?» fragt sie zurück. «Na gut. Im Augenblick bin ich sehr traurig. Ich verstehe alles, wirklich. Brauche nur ein wenig Zeit. Mach dir wegen mir keine Sorgen. Ich warte darauf, daß ein Freund zurückkommt.»

Sie bemerkt seinen Gesichtsausdruck. Er hat den letzten Satz mißverstanden. Er hat höhere Bildung, vermutet hinter allem eine versteckte Bedeutung. Er muß sie für verrückt halten. Sie schüttelt den Kopf. Eigentlich wollte sie ihm gegenüber nicht so ehrlich über sich reden. Jetzt hat sie wieder das Gefühl des Verlusts, das stets gegenwärtig war, ehe Redfield das Haus mit seinem Gerede füllte.

«Es liegt an meinen Gefühlen», fährt sie fort. «Die hab ich im Moment überhaupt nicht mehr im Griff. Ich weiß weder ein noch aus, alles geht drunter und drüber. Willst du die Wahrheit wissen?»

Sie wartet ab, bis er nickt, dann fängt sie an, ruhig und immer überzeugender.

«Ich versuche so zu tun, als wär das alles nicht passiert. Ich betäube mich und habe Angst, Entscheidungen zu treffen.»

Das ist die Wahrheit, denkt sie. Das sind die Worte, nach denen sie gesucht hat.

Rick legt die Hände ineinander, blickt erst zu Boden, dann in die Ferne. Sie sieht, daß er im Kopf Sätze immer wieder neu zusammenstellt, seine Worte sorgfältig wählt.

«Juliet», sagt er dann langsam, ruhig, fast flüsternd. «Juliet, wie schlimm eine Streßsituation auch zu sein scheint, wenn man es ausspricht, in Worte kleidet, kann man jeder

Erfahrung etwas Positives abgewinnen und den momentanen Streß überwinden. Das ist eine Methode, in jeder Lebenslage etwas Gutes zu sehen.»

Sie spürt, wie das Zimmer unter ihr wegrutscht, fühlt sich innerlich wie aus Eisen, als ob sie diesen Mann mit bloßen Händen umbringen könnte. Sie meint, ihr Gefühl des Versinkens, das muß der Raum sein. Das kann nicht sie sein. Sie starrt ihn an und holt Luft.

«Gut», sagt sie. «Dann eben so: Ein Mann, den ich sehr geliebt hab, hat mich so hängenlassen, daß ich euch mein Baby verkauft hab, und jetzt komm ich mir vor wie die größte Hure überhaupt. Ich habe, wie es so schön heißt, gesündigt.»

«Du hast Depressionen.»

«Du kannst mich mal.»

«Das mußt du in andere Worte kleiden. Es geht um dein Selbstvertrauen. Selbstvertrauen ist die Zufriedenheit mit sich selbst, die aus einer gesunden Eigenliebe erwächst. Mit sich selbst im Einklang stehen ist die Grundlage für jede Liebesbeziehung. Niemand kann die Liebe eines anderen annehmen, wenn er sich nicht liebenswert fühlt.»

«Was soll das heißen?» fragt sie unter Tränen. «Was soll das heißen?»

«Ich bin hier, weil ich dir erzählen wollte, daß wir dieses Haus verkauft haben.»

Sie nickt. Das Eisen, das sie in sich spürt, wird kalt und spröde. Er sagt ihr, es ist Zeit zu gehen, von hier zu verschwinden.

«Sieh mal, Juliet. Für uns ist das auch nicht einfach. Wir müssen mit einer ganzen Reihe von Veränderungen zurechtkommen.»

«Wieviel Zeit bleibt mir?»

«Keine Eile», beschwichtigt er. «Drei, vier Wochen, und ich möchte dir auf alle Fälle sagen, daß Lorelai und ich dich immer lieben werden für das Geschenk, das du uns gemacht hast.»

Rick steht auf. Er schüttelt eine Falte aus seinem rechten Hosenbein, beugt das linke Knie. Dann geht er zur Tür, und Juliet folgt ihm. Er streckt ihr die Hand hin, doch sie schaut weg.

Seufzend sagt er: «Da war noch was: Lorelai hat das Gefühl, daß bei ihr die Milch einschießt. Bemerkenswert. Sie meint, es würde dich freuen.»

Nachdem Juliet die Tür hinter ihm geschlossen hat, bleibt sie im Dunkeln sitzen und wartet auf Redfield. Etwas Schreckliches ist in ihr Bewußtsein gerückt, aber sie kann es nicht in Worte fassen, und so bleibt ihr erspart, genau zu wissen, worum es sich handelt. Es ist nur ein brennendes Gefühl, ein Gefühl, das in ihr wühlt, das Stücke von ihr abschneidet.

Jetzt werd ich immer eine Frau sein, die Gesellschaft hat, denkt sie.

*

Redfield sitzt hinten auf der Terrasse, die Füße genau auf der Steinplatte, die er eben angehoben und wieder eingesetzt hat. Er wartet darauf, daß der Besucher geht. Trotz des Dunkels kann er im Osten den Sandia Crest sehen, der sein eigenes Wetter hat und zum Anfassen nah scheint. Hier lebte vor fünfundzwanzigtausend Jahren der Sandia-Mann, möglicherweise der erste Amerikaner. Er lebte in einem tiefen Loch in der Wand des Los Huertas Canyon am Nordosthang des Berges, jagte Wölfe und Säbelzahntiger und hinterließ Steingeräte.

Redfield ist müde, sein Gehirn ziemlich abgeschlafft, alle Sinne dagegen voll angespannt. Er ist eben zurück aus einer Gegend, wo der Wind nach Gutdünken weht, einer Gegend mit unbefestigten Straßen und rostigen Weidezäunen, straff gespanntem Stacheldraht, einem John-Deere-Händler, einem kleinen Schnellrestaurant.

Fast zweieinhalbtausend Quadratkilometer New Mexico gingen an Texas verloren, weil 1859 ein Landvermesser den 103. Längengrad nicht fand und die Grenze zwischen den beiden Staaten einfach zwei Meilen westlich von ihrem eigentlichen Verlauf eintrug.

Er beobachtet den Mann, der bei Juliet im Haus ist, fragt sich, ob er Freund oder Feind ist, ob sie einander berühren werden, fragt sich, ob er durchs Fenster reinhechten und den Kerl umbringen muß, und findet Gefallen an dieser Vorstellung.

Redfield hatte jemanden besucht, der Rip hieß. Es war nicht einfach gewesen, ihn zu finden. Ein Typ in Memphis mit Namen Fast hatte ihm den Weg beschrieben. Er hatte alles auf einem Zehndollarschein notiert und ihn dann nicht mehr finden können. Nach Leuten wie Rip zu suchen ist so 'ne Sache.

Doch Redfield konnte sich noch soweit an die Beschreibung erinnern, daß er nach einigen Meilen über eine staubige Straße schließlich zu einem Mobile Home kam.

Die Luft roch nach Katzenpisse auf Gardenien. Rip hatte schon erfahren, daß Redfield vielleicht vorbeikommen würde. So legte er die Schrotflinte beiseite, kam raus in die Sonne und winkte ihm lächelnd zu. Redfield winkte zurück und registrierte das Dynamit, das Rip sich um die Taille geschnallt hatte. Rip mixte Speed, reinen Texas grit, der jetzt unter der frisch eingesetzten Platte liegt, zu seinen Füßen.

Jeden Abend gab es Blitze zu sehen, manchmal nur als Wetterleuchten, unter Wolkentürmen gespiegelt, manchmal richtige Blitze. Der Berg macht das Wetter hier, die Blitze, den Wind, den Donner, die Sonne, den blauen Himmel.

Als sie ihn sieht, kommt sie raus zu ihm.

«Du hast unseren Besucher verpaßt.»

«Ich hab ihn gesehen. Bin extra nicht reingekommen.»

«Hast du einen schönen Tag gehabt?»

«Ich fahr morgen.»

«Das geht nicht», sagt sie, um einen nicht allzu flehentlichen Ton bemüht.

«Wieso soll das nicht gehen?»

«Wo willst du hin?»

«Rüber nach Kalifornien. Mein Vater hat die Tour 1948 gemacht, und wie er davon erzählt hat, war es ein wichtiger Teil seines Lebens. Ich werd überall da haltmachen, wo er haltgemacht hat, eine Weile dableiben und dann wohl wieder nach Hause fahren. Das heißt, wenn ich nicht berühmt werde.»

Juliet merkt, daß sie aufgeregt ist. Sie spielt mit den Händen herum und zupft an ihren Haaren. Hör auf damit, denkt sie. Schluß jetzt.

«Unser Leben ist doch gar nicht so schlecht», sagt sie dann. «Denk an all die Jahre. Wenn man's so sieht, ergibt's doch Sinn. Wir sollten uns keine falschen Vorstellungen von unserem Leben machen. Damit tun wir uns nur weh, als ob uns das retten könnte.»

«Könntest du mir mal erzählen, was zum Teufel dich eigentlich hier rausgetrieben hat?»

«Ich wollte Himmelskünstlerin werden. Um Himmelskünstlerin zu werden, muß man die Anatomie der Wolken studieren. Kardinäle sind heilig hier draußen.»

Sie schaut in den Raum zwischen ihnen, fragt sich, wessen Worte das waren. Wer hat sie ausgesprochen? War sie das?

«Ich muß gehen, und ich muß bleiben», sagt sie dann.

Er geht zu ihr und legt ihr die Hände auf die Schultern. Erst will er sie schütteln, dann tut er's doch nicht. Er drückt sie, bis er den Schmerz in ihre Augen steigen sieht.

«Juliet. Ich mag ja ziemlich kaputt sein, aber blöd bin ich

nicht. Sag mir die Wahrheit. Ich dachte, du wolltest hier draußen lernen, wie man Schmuck macht. Ein bißchen Steinsalz in ein Reagenzglas, Korken drauf, und schon ist es ein Kristall, den man in Connecticut verkaufen kann. Erzähl schon, was ist los? Hast du nur einen abgefuckten Typ drüben im Osten gegen einen genauso abgefuckten hier im Westen eingetauscht?»

Er spürt, wie sie schwach wird in seinen Händen, daß sie umfallen wird, wenn er sie nicht hält.

«Ich würde gern einen Spaziergang machen», flüstert sie.

Sie gehen durchs Tor hinaus und verschwinden im Wald. Sie überqueren die Acequias, Bewässerungsgräben, die Wasser für die Felder herbeischaffen, Felder mit Gemüse und Hirse, mit Sorghum und Alfalfa, mit Zierpflanzen und -bäumen.

Sie stehen am Flußufer, die Absätze in den Sand gedrückt, und beobachten ein fernes Unwetter. Weiter unten sehen sie merkwürdige dreibeinige Gestelle aus Profilstahl, die bei einer Überschwemmung Baumstämme abhalten und Häuser schützen sollten. Die braucht man jetzt nicht mehr, aber ohne Überschwemmungen werden die Balsampappeln sterben, weil die Samen nicht mehr keimen.

Vor ihnen ist es still. Der Fluß ist flach und glatt, zieht im Bogen nach Süden. Die Ruhe des Flusses und des Berges scheint schwerer als sie beide, scheint sie emporzuheben.

«Die Blitze sind wie Fotoblitze. Wie Krieg», sagt Juliet. «Die Wolke dort sieht aus wie ein Atompilz.»

«Klar, Elektrizität, Blitzbirnen, Krieg, Atompilz. Warum können's nicht einfach nur Blitze sein?»

«Ich brauch Kunst in meinem Leben.»

«Kunst ist Brimborium.»

«Die Gräben vorhin, die sind verhext. Da lebt eine Hexe, Yolanda Dora. Die Grabenhexe. Die schnappt sich Kinder, und weg sind sie.»

«Ehrlich?»

«Ja. Manchmal verlaufen sich Kinder im Wald, und wenn sie nicht mehr gefunden werden, sagen die Leute, Yolanda Dora hat sie geholt.»

«Und wie sieht sie aus?»

«Wie jemand, der Kinder stehlen würde. Wenn du die Wahrheit wissen willst, Redfield, ich bin hierhergekommen, weil ich schwanger war. Ich hab mein Baby weggegeben, das ist es.»

«An den von heut abend?»

«Ja.»

Redfield spürt, wie sich sein Körper bemüht, in der Senkrechten zu bleiben, wie sich schwere Gewichte in ihm verschieben, hydraulisch, in gleichmäßigen, stärker werdenden Bewegungen.

«Ich hab das beste und zugleich schlimmste Jahr meines Lebens hinter mir, hab lauter Scheiß gebaut. Wie konnt ich bloß so was Falsches machen? Und auch noch für Geld?»

«Erinnert mich an den alten Midas.»

«Wie lustig, Ray.»

«Entschuldige.»

Er umfaßt ihre Schultern mit den Händen und zieht sie an sich. Sie wehrt sich nicht, macht sich nur ganz steif.

«Die Schweine», sagt er.

«Bitte sprich nicht so von ihnen. Sie sind die Eltern meines Kindes.»

Sie läßt sich in seine Arme sinken, so daß ihre Knie gegen seine Beine schlagen. Jetzt hält er sie aufrecht.

«Sie haben ein Video von der Geburt gemacht», sagt sie. Dann hält sie inne, verliert sich einen Moment in Gedanken, wühlt sich durch Details. Sie wiederholt noch einmal, was sie gesagt hat, und fängt an zu weinen.

«Wenn ich mitkomme, wirst du dann keinen Unsinn machen? Dich aus allem raushalten, was Ärger geben kann?»

«Ja.»

«Dann nimm mich mit», sagt sie. «Wirst du mich mitnehmen?»

Er antwortet ihr nicht.

«Wenn du noch mal von mir weggehst, bring ich mich um.»

Er weiß, er wird sie mitnehmen. Wußte es, noch ehe sie ihn fragte.

«Wir haben nicht viel Platz für Gepäck, also überleg gut, was du brauchst.»

«Klar, damit hab ich ja Erfahrung.»

*

Am nächsten Tag gegen Mittag fuhren sie los.

Juliet saß hinter ihm und klammerte sich an seine Lederjacke. Sie wußte nicht, wonach sie suchte, wußte nicht einmal, wie man suchte. Als sie das Baby bekam, hatte die letzte Wehe ihre Vergangenheit abgeklemmt, und in dem Augenblick, als sie es im Arm hatte, begann eine neue Geschichte, eine sehr kurze allerdings.

Nach Süden hin kündete schwarzer Himmel von schlechtem Wetter, meilenweit entfernt, der Monsunregen.

9

Genau hier könnte er angehalten haben, denkt Redfield. Zum Pinkeln vielleicht. Er ist auch zum erstenmal nach Westen gefahren, genau wie ich. Ich bin ein bißchen älter, hab ein bißchen mehr dabei, aber indem ich sein Leben nachspiele, stelle ich mein eigenes dar.

Juliet hält sich an ihm fest, sorglos und unbekümmert. Sie denkt, sie wird dieses Gefühl zu ihrem machen. Sie wird ein feenhaftes Geschöpf mit einem jungen Liebhaber sein, der sich um sie sorgt. Ja, genau das. Sie wird diese Wunde für immer offen lassen, so wie ein Soldat den Krieg nie los wird, wie ein Krebspatient die Hoffnung auf Genesung nie aufgibt.

Hinter Thoreau sehen sie, daß die Schlechtwetterfront nordwärts gezogen ist und jetzt genau vor ihnen steht. Sie fahren direkt hinein, beten darum, nicht naß zu werden. Sie wissen nicht, daß es Tornadowarnung gab, aber auch wenn sie es wüßten, hätte sie das nicht aufgehalten. Redfield hat einen Ort, wo er hin will, und Juliet hat einen, von dem sie weg will. Das treibt sie voran.

Regenbogen tauchen auf und verschwinden wieder, doppelte, ein dreifacher, bunte Streifen vor schwarzen Wolken. Dann kommen die Regentropfen wie Geschosse.

Sie fahren unter einer Brücke rechts ran und klettern die Betonschräge hoch, um dort abzuwarten, bis es aufhört. Das Leben auf der Straße versorgt sie schon jetzt mit allem, was sie brauchen.

«Warum hast du mir nicht die Wahrheit gesagt?» fragte Redfield, als müßte man noch darüber reden.

Juliet schaut hinab auf den Highway. Ich und die Schwerlaster. Mein Leben unter Sattelzügen. Dann wendet sie sich Redfield zu und fängt an zu reden, ganz langsam, schärft die Worte an den Zähnen.

«Großartig. Du Arschloch. Wann hätt ich das denn tun sollen? Und wie? Du hast doch die ganzen letzten Tage in einem fort vor dich hingebrabbelt, Kettenlabern, als ob du sie nicht mehr alle hättest. Du kannst genau wie alle anderen sein. Da erzähl ich dir was, und du fragst dich, warum ich's dir nicht früher gesagt hab. Ist es meine Sünde, daß ich die Wahrheit gesagt hab oder daß ich's so spät getan hab?»

«Hm, gut. Das ist eine Antwort.»

Redfield steht da und schlägt mit dem Kopf gegen einen Stahlträger, starrt ihn an, als würde er sich fragen, wer ihn dahingetan hat. Dann stampft er mit den Füßen auf, spannt die Armmuskeln an, wendet sich Juliet zu und schüttelt den Kopf. Geht mit großen Schritten hinunter zum Motorrad und nimmt eine Wasserflasche aus dem Gepäck. Sie sieht ihn Tabletten schlucken. Er läuft am Seitenstreifen entlang, achtet darauf, im Trockenen zu bleiben.

«Tut mir leid», ruft sie zu ihm hinunter. «Entschuldige!»

«Wenn du deine Unschuld verlierst, lernst du verlieren», ruft er zurück, und keiner von beiden weiß, was er damit meint.

Er geht hin und her, bis es aufhört zu regnen, dann schwingt er sich aufs Motorrad. Sie kommt zu ihm herunter und schiebt sich hinter ihm auf die Maschine.

«Los geht's», brüllt er, und weg sind sie.

Die Straße durch die Zuni-Berge ist neu und trocken, doch bei Gallup verläßt sie ihr Glück mit dem Wetter, und sie halten zum Übernachten bei einem El-Rancho-Motel. Die Zimmer sind nach Schauspielern benannt. Sie bekommen das Lucille-Ball-Zimmer. Die Sets auf den Tischen im Restaurant erinnern an die Filme, die hier gedreht wurden. 1948 war es *Todesreiter von Laredo* mit William Holden und William Bendix. Redfield erinnert sich daran, wie sein Vater immer das Lied vor sich hingeträllert hat. Auch wenn die Verbindung zur Vergangenheit hauchdünn ist, er hält daran fest, ganz behutsam, damit sie nicht reißt. Er möchte Juliet davon erzählen, aber seit der Brücke haben sie kein Wort mehr gewechselt.

Juliet sitzt ihm gegenüber und droht einzunicken. Das Kinn sinkt ihr auf die Brust, und sie hat das Gefühl zu fallen, setzt sich abrupt auf und wirft dabei ihr Wasserglas um.

Sie erinnert sich nicht daran, wie sie ins Bett gekommen ist, weiß nur, daß sie aufgewacht ist und nach einer Decke gesucht hat, weil ihr kalt war wegen der Klimaanlage.

Redfield ist nicht im Zimmer. Sie schaut auf die Uhr. Schon nach Mitternacht. Sie zieht sich die Decke über die Nase. Ihr fällt wieder ein, was die Leute von der Kirche zu ihr gesagt haben: Ohne Gott gibt es nichts Gutes. Die Worte gehen ihr nicht aus dem Kopf. Sie denkt an ihr Flugticket, mit dem sie fliegen kann, wohin sie will, wann immer sie will. Beim Telefon liegt eine Ansichtskarte von der Wüste. Auf der Rückseite steht: *Es ist herrlich hier draußen. Was ich getan habe, tut mir wirklich leid. So von dir zu gehen. Das werd ich nie wiedergutmachen können.*

Sie mustert die Handschrift, hält sie für ihre eigene, ist sich aber nicht sicher. Und wenn es nicht ihre Schrift ist?

Dann fühlt sie sich so allein, daß sie zu weinen beginnt. Gott, wo bleibt nur Redfield?

Als er zurückkommt, riecht er nach Alkohol und Tabakqualm. Er erzählt ihr, daß er tanken mußte und am Treffpunkt der Suffköpfe von Gallup gelandet ist.

«Das wird 'ne lange Fahrt morgen», sagt er. «Du solltest lieber schlafen.»

«Ich weiß nicht, wie lang ich noch kann. Jeden Tag denke ich, es wird besser, aber jeden Tag ist dieses Gefühl der Leere wieder von neuem da. Als ich schwanger war, hab ich mich gefragt, wie es sich anfühlen würde, wenn mir jemand mein Baby in den Arm drückt und sagt: Herzlichen Glückwunsch, Sie haben's geschafft.»

Es dauert lange, bis Redfield reagiert. Er ist sich unschlüssig, was er sagen soll, weiß nicht mal, ob er überhaupt reden soll.

«Und dein Freund?»

«Wir wollten heiraten, aber er hat im letzten Moment gekniffen.»

Redfield steht von seinem Bett auf, geht zu ihr und legt sich neben sie. Durch sein Gewicht fühlt sie sich unter der Decke gefangen und fängt an sich freizustrampeln. Er zerrt die Decke weg und zieht sie an sich. Sie spürt sich gegen ihn sinken, ein freier Fall, von dem sie möchte, daß er nie aufhört. Schließlich ruht sie seufzend an seinem Brustkorb. Redfield streicht ihr über die Wange, streichelt sie in einen ruhelosen Schlaf, unruhiger und gequälter als der Schlaf im Entzug. Als sie wieder zu strampeln beginnt, hält er sie fest, holt sich ein paar blaue Flecken. Ihm wird klar, daß er nie wissen wird, was sie weiß, so sehr er sich auch bemühen mag.

Am Morgen fahren sie los Richtung Grand Canyon, und Juliet ist entschlossen, sich von Wind und Sonne ausbleichen zu lassen wie Knochen. Sie nehmen die I–40 aus Gallup hinaus, fahren im Bett der alten Route 66, brettern mit achtzig Meilen über ausgewaschene Querrinnen, über ausgetrocknetes, zerfurchtes Land, das kein Wasser halten kann, aber es gibt ja hier eh keines.

Nördlich und südlich der Straße große Reservate: Navajo, Zuni und Hopi. Körbe, Teppiche, Kachina-Puppen, Türkise, Keramik, Silberschmuck. Der Petrified Forest National Park. Es gibt hier so vieles, das einen eigenen Nationalpark verdient hätte. Versteinerte Bäume, versteinerte Tiere, versteinerte Menschen. Was hier liegt, auseinandergebrochen und aufgelöst von den Erosionskräften, war vor 160 Millionen Jahren ein Baum. Painted Desert, eine von Eisenoxiden rote Vulkanlandschaft. Abfallende Pedimente und Geröllfächer, durchwirkt mit flachen ausgetrockneten Bachbetten. Achat- und Jaspisblöcke.

Den gestrigen Abend hat Redfield mit den Suffköpfen von Gallup zugebracht, mit Navajos und Hopis, Relikten aus vergangenen Zeiten, Ölsuchern, Spekulanten, Mechanikern, Lehrern und Missionaren. Mit Menschen, die trinken. Dem einarmigen Navajo, der für Bier Liegestütze macht, für harten Stoff mit einer Frau auf dem Rücken. Mit Leuten, die Silbereinlegearbeiten versetzen, damit sie weiter anschreiben lassen können. Und mit denen, die nur zusehen, die das Leben für eine Aussichtsplattform halten.

Als er zurück zum Rancho-Motel kam, war Juliet wie versteinert, vor Entsetzen erstarrt. Der Grund dafür war nicht schwer zu erraten, nicht einmal für einen dummen Jungen wie ihn.

Als Redfield seufzt, spürt sie es trotz des Fahrtwinds bei achtzig Meilen. Sie drückt sich an ihn, um ihm deutlich zu machen, daß sie okay ist.

Holbrook, dann Winslow. Da halten sie zum Tanken und Kaffeetrinken. Sie sitzen am Bordstein im Schatten der Westmauer eines Gebäudes, wo es ein paar kostbare Grad kühler ist. Sie sitzen händchenhaltend da, wortlos. Redfield denkt ans Erwachsensein, und Juliet versucht, an gar nichts zu denken.

«Hey», ruft Redfield aus und springt auf. *«Standing on a corner in Winslow, Arizona.»*

«Ja», sagt sie strahlend. «Ich kenn das Lied. Das ist hier. Genau hier, Redfield.»

Redfield zieht ein Bündel kleiner Schwarzweißfotos heraus. Auf ihnen steht: *12. Februar 1948, Blick auf die San Francisco Peaks bei Flagstaff, Arizona. 12. Februar 1948, San Francisco Peaks bei Flagstaff, Arizona* und *Flagstaff, Arizona.* Es sind Fotos von Bergen und Bäumen, von schneebedecktem Land. Eines zeigt er ihr nicht, sondern lacht nur.

«Wir müssen die Stellen finden», sagt er, als er die Fotos wieder einsteckt.

«Das könnte überall sein, Redfield.»

«Steht doch drauf, wo es ist.»

«Schon, aber trotzdem...»

«Du weißt doch, wie wichtig es ist, daß wir sie finden.»

«Na gut.»

Sie fahren weiter, Richtung Flagstaff, lassen Pinyon-Kiefern und Wacholder, Kreosotbüsche und Perückensträucher hinter sich. Dann nordwärts durch den Kaibab National Forest zum Yavapi Point am Südrand des Canyon. Der Weg dorthin führt bergauf, aber die Straße ist frei und sauber, mit breitem Bankett, genug Zeit und Asphalt, um sechs oder acht Autos, eine Parade von Wohnmobilen und Bussen zu überholen, genug Zeit, um mit einer Handbewegung kräftig Stoff zu geben und auf dieser Straße wie auf einer Welle dahinzureiten zwischen weiten Ebenen, zwischen Gelbkiefern und Douglastannen, durch dieses Land der Vielfalt hinauf zum Mogollon-Plateau.

Redfield hängt sich hinter eine Harley mit selbstgebautem Anhänger aus Indiana. Auf der Maschine sitzen ein Mann und eine Frau in schwarzer Lederkombi. Er denkt über einen Namen für sein Motorrad nach. Ihm fällt wieder ein, daß sein Vater immer Probleme mit dem Knie hatte. Er will für Juliet alles besser machen, weil sie seine Cousine ist und er sie liebt. Er tastet nach ihrem Bein, um sich zu vergewissern, daß sie da ist. Solche Gedanken kommen einem beim Motorradfahren, so was macht man auf der Maschine.

*

Am Südrand des Grand Canyon gibt es viele Menschen, die hierhergekommen sind, um zwei Millionen Jahre in die geologische Vergangenheit zu sehen. Familien, Paare, Flitterwöchner. Viele Kinder und ganze Busladungen von Touristen. Motorradfahrer, die eine schwedische Fahne im Wind wehen lassen, und Motorradfahrer ohne Fahne. Japanische Jungs auf zweirädrigen Geschossen und Dänen auf Sportsters. Sie sind nach Denver geflogen, haben sich dort die Maschinen gekauft und touren jetzt quer durch Amerika.

Redfield stellt den Motor ab, und sie recken sich. Die drückende Hitze macht ihnen zu schaffen. Redfield schaut sich nach den beiden um, hinter denen er hergefahren ist, entdeckt sie aber nirgends. Er fragt Juliet, ob sie die beiden sieht, aber die schüttelt nur den Kopf.

Redfield zieht die Fotos seines Vaters heraus. Auf ihnen steht: *Man sieht, wo das aufgenommen wurde: da ist übrigens Eis auf der Straße, Rotwild am G. C., ich im Auto. 12. Februar 1948, Foto mit Hirsch am Grand Canyon – blieb nicht lange, weil ich nichts für ihn dabei hatte. Da waren ungefähr fünf davon, alle ganz zutraulich und niedlich. 12. Februar 1948, Teilansicht des Grand Canyon – der Colorado River durch das Fernrohr aufgenommen, durch das ich da schaue. Aus vier, fünf Meilen Entfernung. 12. Februar 1948, am Rand des G. C., zwei Handbreit hinter mir geht's eine Meile tief runter.*

Sein Vater im Nash; sein Vater am Rand des Grand Canyon; sein Vater streckt einem Hirsch die Hand hin; sein Vater unter einem Schild. Hinter den übrigen Bildern ist das Auge seines Vaters. Und auf der Rückseite der Fotos seit über vierzig Jahren seine Handschrift.

Sie gehen an der Felskante entlang, bis sie an eine Stelle kommen, die aussieht wie die auf dem Bild. Es ist der beste Platz. Er bittet Juliet, ein Foto von ihm zu machen.

Am Geländer drängen sich Leute mit Fotoapparaten und Videokameras. Dieser Anblick läßt Redfield loslegen.

«Videokameras», fängt er an. «Videokameras, ich halt's im Kopf nicht aus. Der Grand Canyon auf Video. Er bewegt sich doch nicht. Will nirgendwohin. Völlig reglos ist er. Totenstill.»

Er schreit es und fuchtelt dabei mit den Armen herum. Juliet packt ihn am Gürtel und sagt ihm, er soll sich nicht so anstellen, sie wollen doch nur den Canyon ganz draufkriegen.

«Den Canyon draufkriegen? Den Canyon ganz draufkriegen? Wie soll das gehen? Die Leute sollten selbst eins draufkriegen. Sie stehlen ihm Stück für Stück seine Zeit. Jawohl. Diebstahl ist das. Alles Idioten. Hey», brüllt er. «Ihr seid alle bescheuert. Warum fahrt ihr nicht nach Hause und malt eure Gartenmöbel bunt an?»

Einige Leute starren ihn an, andere machen einen Bogen um ihn. Juliet stellt sich taub, hört einfach nicht mehr hin. Sie setzt ein Lächeln auf und läßt ihn machen.

Er springt aufs Geländer, auf das eineinhalb Zoll dicke schwarze Stahlrohr, und hält die Balance zwischen einem kleinen Hüpfer und einem Sturz in fast eine Meile Tiefe, unterbrochen von vielen Felsvorsprüngen. Juliet fängt an Fotos zu machen.

«Okay», schreit Redfield. «Alle mal herhören.» Er pfeift. «Wir werden das Ding jetzt auffüllen. Bildet eine Kette und reicht mir Felsbrocken her. Wir füllen das Loch auf.»

Einige Leute schnappen nach Luft, zeigen auf ihn und wenden sich dann ab. Die Videokameras werden auf ihn gerichtet. Weiter vorne lehnen sie sich übers Geländer, um ihn aus einem interessanteren Blickwinkel zu kriegen.

«Juliet», brüllt er. «Tu dich mit den Frauen zusammen und macht ein paar Sandwiches. Es könnte 'ne Weile dauern, und wir werden Hunger kriegen. Und ein paar Krüge Wasser, bitte. Wir brauchen was zu trinken bei dieser Hitze, um ein ordentliches Tempo zu halten.»

Redfield schaut hinter sich, fühlt, wie Schwindel in seinen Kopf steigt, wie sich alles im Dreivierteltakt dreht. Der junge Colorado River zieht einen silbernen Glühfaden durch sein Gehirn. Er wendet den Blick wieder auf Juliet. Er schreit. Läuft auf dem Geländer entlang. Juliet muß an ihr Baby denken, weiß nicht, warum gerade jetzt.

«Wir sollten nicht hier sein», flüstert sie.

«Vielleicht machen sie das alles mit Spiegeln», brüllt er. «Vielleicht ist es gar nicht so toll. Gott hat's gemacht, also was? Gott kann machen, wozu er Lust hat, weil er Gott ist, und Gott ist groß.»

Er sieht noch einmal hinunter, hebt dann den Blick und schaut durch die wabernden heißen Aufwinde hinüber zum Nordrand des Canyons. Die Gesteinsschichten, die ihn bilden, werfen in der Hitze Wellen. Tiefrote, rosige, lachsfarbene und graue Bänder aalen sich in der Sonne, verfärben sich im Schatten der Wolken schwarz. Und tief drunten spürt man, hört man das dumpfe Donnern von Felsbrocken, die von der Kraft der Strömung im Flußbett vorangewälzt werden. Hier ist Amerika aufgeplatzt, und er steht direkt am Riß. Er brüllt.

«Hey, Leute, ich weiß was Besseres. Gehen wir da runter und machen Zoff. Wir entern eines von den Gummiflößen und klauen ihnen die Frauen. Diese Rafter find ich eh bescheuert. Ständig sieht man im Fernsehen, wie toll sie drauf sind. Die können mich alle mal.»

Er verstummt und schaut wieder nach unten. Das ganze Geländer entlang klicken Kameras. Die Leute träumen: *Wenn er nur fallen würde. Videovorführung um elf. Für Jugendliche nicht geeignet. Mach Platz, Rodney King. Amerika hat einen neuen Star, Amerikas schreckliche Heimvideos.*

Zwinkern und Flüstern… und jetzt das Video von unserem Urlaub am Grand Canyon, Herby… Schwenk, Fokus, Nahaufnahme, Mann in Lederjacke auf Geländer, Mann springt vom Geländer,

Mann in der Luft. Halt, Herby, noch mal zurück. Da. Pause. Seht mal. Seine rechte Hand. Seht ihr, wie er meinem Herby den Mittelfinger entgegenstreckt? Ganz schön frech.

«Jetzt komm schon», sagt Juliet, geht zu ihm und ergreift seine Hand, als wäre sie aus Glas. «Komm da runter. Wir haben genug Fotos.»

Ihre Gedanken schwanken zwischen der Vorstellung, daß er herunterkommt, und der, daß er abstürzt. Schmerz durchzuckt sie, und Erstaunen. Es gibt subjektive und objektive Trauer. Verborgene Liebe, empfundene Liebe, verdüsterte Liebe.

«Komm runter», beharrt sie, wirft den Kopf nach hinten und stampft mit dem Fuß auf.

Während Redfield sie ansieht, treten ihm an dieser Stelle, wo auch sein Vater stand, die Tränen in die Augen.

«Wahnsinn», flüstert er. «Echt beeindruckend, der Grand Canyon.»

*

Später nehmen sie hinter Seligman, Arizona, die echte Route 66, fahren der Sonne hinterher, die sich nicht einholen lassen will. Ihr Licht spiegelt sich bisweilen funkelnd an der Erdoberfläche, dann wieder legen sich goldene Laken über die Landschaft, in die sich dunkle Finger strecken.

Sie kommen durch Yampai und Peach Springs, fahren an einer verlassenen Mobil-Tankstelle mit dem himmelwärts strebenden roten Pegasus vorbei. Auf dem Weg durch das Hualapai-Reservat sehen sie die ersten Menschen, Mütter mit Kindern, die am Straßenrand entlanggehen. Als sie winken, winken Redfield und Juliet zurück. Sie stellt sich vor, daß die wissen, wer sie ist. Hier will ich bleiben, denkt sie. Bei diesen Menschen will ich bleiben.

Sie fahren rechts ran, und Redfield zieht eines der Arizona-Fotos heraus.

«12. Februar», liest er. *«Ich im Kaktus-Land, Arizona.»*

Dann betrachtet er das andere, das er ihr nicht gezeigt hat, aber ohne vorzulesen. Statt dessen sagt er: «Oh, wie echt, wie wahr.»

Er steigt vom Motorrad und läuft hinaus in die Wüste, bis er an einen Zaun kommt. Dort stützt er den Ellbogen auf einen Stahlpfosten und schreit: «Mach ein Foto von mir.»

Am Himmel sieht man Geier, eine Säule von zwanzig oder dreißig Stück, die hoch oben in der Luft kreisen. Sie macht auch von ihnen ein Foto.

Dann fahren sie weiter. Nach Westen, geradeaus nach Westen.

Juliet ist erschöpft und genießt den dumpfen Schmerz in ihrem Körper. Ihr ist warm und kalt zugleich. Die sonnenverbrannte Haut an Händen, Armen, Hals und Gesicht kribbelt. Auf dieser Strecke gibt es keine schlimme Vergangenheit, die sie einholen könnte. Kein Nachdenken über Aufgeben oder Zurücklassen. Es hätte sie nicht überrascht, wenn sich an diesem höchst bewegenden Ort das Motorrad aufgebäumt und auf dem Hinterrad gedreht hätte. Es ist dieser höchst bewegende Ort, an dem sie unbedingt sein möchte.

Die Erde ist jetzt schwarz und golden. Schatten schneiden sich eine Bahn über das Land und erwecken den Eindruck, als sei es kühl unter ihrer dunklen Decke. Man kann den Kopf ins Dunkel einziehen oder den Arm ausstrecken und die Hand in Licht baden. Als ob man auf einem Pferd säße. Das eigene Wertempfinden wird getäuscht.

In vierzig Jahren wird Redfield älter sein, als sein Vater je werden wird, aber eine Zeitlang sind sie zusammen hier draußen, mitten im Nirgendwo. Und er spürt, wie er dem Leben seines Vaters näherkommt, und seinem eigenen.

Während sie dahinfahren, fischt Juliet die Fotos aus seiner

Tasche. Sie hält sie in der rechten Hand und schaut sie eines nach dem anderen an, bis zu dem, bei dem er gelacht hat. Da steht: *12. Februar, Arizona, gleiche Stelle, nur schon ziemlich weit unten.*

Schon ziemlich weit unten, denkt sie. Sind das nicht die meisten von uns?

*

Als sie nach Kingman kommen, ist es dunkel. Ihre Gesichter sind sonnenverbrannt und die Handrücken von weißen Blasen übersät.

10

Sie wacht im Sonnenlicht auf, und wieder spürt sie die Flügel in ihrem Bauch. Morgens ist es immer am schlimmsten. Nein, morgens und nachts. Nein, morgens, tags und nachts, das sind die Zeiten, wo es am schlimmsten ist. Sie fragt sich, ob es ein Zufall ist, daß sich Morgen auf Sorgen reimt.

Redfield sitzt mit Kopfhörer am Fenster, hat die Vorhänge zurückgezogen. Draußen gehen Leute vorbei. Er sieht zu, wie sie ihre Autos mit Gepäckstücken und Kühltaschen voll Eis beladen. Er trommelt mit den Daumen rhythmisch auf die Schenkel, klopft mit den Füßen auf den Boden und wippt auf den Absätzen, summt dabei. Sie sieht, daß der Kopfhörer nicht eingestöpselt ist. Dann schläft sie wieder ein.

Als sie erneut aufwacht, sitzt er bei ihr am Bettrand und sieht fern, *Mr. Wizard*.

Schon wieder in einem Motel, denkt sie. Im gleichen. Sie erinnert sich ans Aufwachen, aber nicht daran, daß sie geschlafen hat. Nur an das Geräusch von Schlüsseln, die in Schlössern gedreht werden, erinnert sie sich, an kleine Eislawinen, an Stimmen, an das Geräusch der Klimaanlage, als wären da kleine Düsentriebwerke.

«Du bist wach», sagt er. «Mr. Wizard meint, wenn du dich im Wald verläufst, schau auf etwas in der Ferne und geh drauf zu. Jetzt macht er grad einen Trick mit einem Hocker und einem Ventilator. Wenn der Ventilator ganz schnell läuft, sieht's aus, als ob er stillsteht.»

Juliet setzt sich auf und starrt auf den Fernseher. Sie versucht auszurechnen, wie weit sie von Albuquerque weg ist. Mr. Wizard hat einen Magneten und Eisenfeilspäne. Damit zeigt er Feldlinien. Dann gewinnt er aus einer Sauerkrautdose Strom. Dazu braucht man zwei verschiedene Metalle und eine elektrisch leitfähige Lösung.

Als *Mr. Wizard* vorbei ist, schaltet Redfield um zum Wetterbericht. In Kingman, Arizona, sind sie am heißesten Ort Amerikas, vielleicht der ganzen Welt. Das findet er toll. Er möchte, daß jeder Tag etwas Besonderes hat, daß das Wetter mitspielt wie in allen guten Geschichten.

Er zieht Schwarzweißfotos vom Hoover-Damm heraus. Darauf steht: *Boulder-Damm, 221 m hoch, Boulder-Damm, von unten gesehen, Boulder-Damm, Sohle, Blick vom Damm auf den Lake Mead.* Er war immer der Meinung gewesen, daß es einen Boulder-Damm gäbe, aber der Kongreß hat ihn 1947 in Hoover-Damm umbenannt. Das hätte sein Vater doch wissen müssen.

Juliet sieht zu, wie er die Schwarzweißfotos durchblättert. Auch sie hat Bilder. Von einem riesigen Kaktus und einer Klapperschlange, vom Canyon und von Pappeln und noch eines vom Canyon. Die Tinte auf der Rückseite ist verlaufen, ein Wort ins andere hinübergeblutet. Doch sie weiß, was sie sagen, immer wieder: *Tut mir leid.*

«Als ich klein war», erzählt er, «hab ich den Boulder-Damm auf der Landkarte gesucht. Dem Foto nach war es ein Riesending, aber ich konnte ihn nicht finden. Das mit dem neuen Namen war ein mieser Trick. Wenn ich eins gelernt hab, dann, daß man den Arschlöchern nicht über den Weg trauen darf. Verlaß dich auf gar nichts mehr, das ist schon mal was.»

«Hat's dir dein Vater nicht erklärt?»

«Der hat auch gedacht, daß er Boulder-Damm heißt.»

«Wo sind wir eigentlich, Redfield?»

«In einem Motel in Kingman, Arizona. Am heißesten

Fleck in der ganzen Milchstraße. Wir müssen los. Verbindest du mich?»

*

Sie nehmen die Route 93 nach Norden. Die Straßenschilder sind mit Einschußlöchern übersät. Autos stehen mit überhitzten Motoren am Straßenrand und blasen Dampffontänen in die Luft. Der rote Wüstenboden wird zu grauem Sand, und das Licht knallt einem voll ins Gesicht. Staubige Pinyon-Kiefern stehen neben Wacholderbüschen und prächtigen Kakteen, es gibt Skorpione und Seitenwinder, Ocotillo- und Feigenkakteen, Kresosotbüsche und Fulgurite, wurzelförmige Kieselerdezylinder, von Blitzen geschmolzener, versteinerter Sand. Oben am Householder-Paß kann nicht mal mehr ein Kaktus überleben. Eine Mondlandschaft, mit riesigen Kratern und geborstenen Bergen, die so nah sind, daß man sie berühren kann. Aber eine gute Straße, direkt auf dem Muttergestein gebaut. Eine Straße zum Langsamfahren, und er ist etwas unsicher, weil hinter jeder Kurve am Straßenrand so ein Krater lauern kann, oder das fette weiße Hinterteil eines heißgelaufenen Wohnmobils. Sie fahren in die Nordwestecke von Arizona, etwas östlich von der Spitze Nevadas, die hier nach Süden vorsticht.

Nach einer Kurve hängen sie sich an die beiden aus Indiana. Die fahren auch in Richtung Damm.

Der Damm.

Eines von den Weltwundern, die manche Leute auflisten.

Wer selbst so einen Damm haben will, braucht gut 3000000 Kubikmeter Beton, mehr als 20000 Tonnen Bewehrungsstahl, fast 10000 Tonnen Schieber und Klappen, 40000 Tonnen Plattenstahl, 840 Meilen Rohre und Armaturen, gut 8000 Tonnen Baustahl und 1600 Tonnen Dynamit. Dafür bekommt er dann dreieinhalb Milliarden Kilowattstunden Strom pro Jahr, soviel Energie wie sechs Millionen Barrel Öl.

«Wahnsinn», stöhnt Redfield. «Ich hätt schon verdammt gern einen.»

«Wenn du brav bist, schenk ich dir vielleicht einen zu Weihnachten.»

«Juliet macht Witze.»

Sie schauen von Arizona aus auf den Damm und den Lake Mead. Die Einlauftürme überragen gelassen die Turbinenleitungen mit ihren neun Metern Durchmesser. Das Wasser ist blau, wie direkt vom Himmel. Es ist blau und kommt direkt aus Wyoming, Utah, Colorado, New Mexico, Nevada und Arizona. Strommasten ragen aus den Seitenwänden des Canyons, Hochspannungsleitungen nach L. A., San Bernardino, Las Vegas, Fort Barstow, Kingman, Needles und Boulder City. Die Luft summt vor Hitze und Elektrizität. Man spürt, daß hier was los ist.

Die Motorradfahrer aus Indiana rufen etwas herüber und winken sie zu sich. Sie haben den Deckel ihres Anhängers aufgeklappt. Darin sind Eis und kalte Limonade. Wortlos beginnt der Mann die Dosen auszuteilen. Er hat einen verwachsenen Arm.

«Mann, wir haben deine kleine Show am Canyon gesehen. Nicht schlecht.»

Sie trinken aus den Dosen und lachen. Seine Art zu reden gefällt Redfield.

Juliet spürt, wie Mut in ihr aufkommt. Neue Leute kennenlernen. Ein neues Leben.

«Ich bin Asphalt, und das ist Ostrich Lady. Wir machen 'ne Tour.»

Redfield und Juliet stellen sich vor, und man reicht sich die Hände. Redfield zeigt Interesse für den Anhänger, und Asphalt erklärt ihm, wie er ihn gebaut hat.

Juliet betrachtet Ostrich Lady, sieht den Straußenkopf,

den sie am Dekolleté eintätowiert hat, der zugehörige lange Hals ragt aus ihrem ärmellosen T-Shirt.

«Ostrich Lady. Ein schöner Name», meint Juliet.

«Den hab ich mir droben in Sturgis machen lassen», erklärt sie. «Ich wollte schon immer so'n Vogel. Ich steh auf Strauße. Der Strauß ist der größte lebende Vogel, so wie der Wal das größte lebende Säugetier ist.»

«Wirklich hübsch.»

Ostrich Lady zieht ihr T-Shirt nach unten, so daß Juliet den Rest des Tieres sehen kann. Es ist blau und grau und bedeckt ihre linke Brust; die Füße stehen genau auf ihrer Brustwarze, bereit zum Loslaufen.

«Wenn ich älter werde, wird Frau Strauß wohl noch länger und dünner.»

«Ostrich Lady lacht über ihren eigenen Witz, und Juliet lacht mit. Sie würde Redfield den Strauß auch gern zeigen, aber es ist ja nicht ihre Brust.

Dann setzen sie sich mit ihren kühlen Getränken in den Schatten eines Gebäudes.

Asphalts Vater, Whitey, hat am Damm mitgebaut. Er lebt mit Asphalts Mutter Gert außerhalb von Boulder City. Asphalt weiß alles über den Damm. Er erzählt ihnen, daß er 34 Milliarden Kubikmeter Wasser aufstaut, genug, um den ganzen Staat Pennsylvania mehr als knöcheltief unter Wasser zu setzen.

«Pennsylvania ist kein Staat, sondern ein Commonwealth», wendet Redfield ein.

«Und was ist ein Commonwealth?»

«Pennsylvania ist einer.»

«O Mann!» stöhnt Asphalt und schwenkt seinen krummen Arm, und Ostrich Lady fängt an zu lachen.

So viel Gelächter, denkt Juliet. Vielleicht ist es ansteckend.

Asphalt singt:

Mein alter Herr kam hierher zum Damm
Ich mußte rüber nach Vietnam
Er war als Caterpillarfahrer Spitze
Mir halfen Lösungsmittel durch die Hitze.

«Das ist Asphalts Geschichte», erklärt Ostrich Lady. «Dem haben sie ins Hirn geschissen. Ist einer von den Typen, die in Vietnam fertiggemacht worden sind, aber ich liebe ihn trotzdem. Wir sind schon zum fünften- oder sechstenmal am Damm.»

«Macht ihr die Führung mit?» fragt Redfield. Er will runter zum Kraftwerk, will sehen, wie zwei Millionen Pferdestärken aussehen.

«Nee. Kommt doch mit uns nach Boulder City. Dann nehmen wir Whitey mit hierher. Der macht mit uns 'ne Führung, die sich gewaschen hat.»

«Ihr müßt Asphalt und Whitey mal zusammen sehen», meint Ostrich Lady. «So 'ne Liebe zwischen Vater und Sohn gibt's nicht mehr oft.»

11

Eine freundliche Frau mit silbernen Haaren tritt aus dem Haus, um sie zu begrüßen. Ostrich Lady steigt vom Motorrad und umarmt sie. Die Frau ist nicht sehr groß. Sie reicht knapp bis zum Straußenkopf von Ostrich Lady.

«Hallo, Honey», sagt die Frau.

«Hallo, Mama Thibeau.»

Die beiden liegen einander mitten auf der Zufahrt in den Armen. Ein Mann mit Spazierstock kommt ums Haus gehumpelt. Er und Asphalt schütteln sich die Hand.

«Mama Thibeau, das sind Redfield und Juliet. Wir haben sie am Damm getroffen und zum Übernachten eingeladen. Das geht doch in Ordnung?»

Redfield und Juliet lächeln und scharren mit den Füßen. Whitey hat Tränen in den Augen, die er sich immer wieder mit einem roten Tuch abtupft. Er trägt ein ärmelloses T-Shirt, grüne Arbeitshosen und Pantoffeln. Auf seinen Armen und auf der Brust kräuseln sich feine weiße Härchen. Auch Gert trägt ein T-Shirt ohne Ärmel, Bermudashorts und Turnschuhe. Sie ergreift Juliets Hand und zieht sie dann genauso fest an sich wie zuvor Ostrich Lady. Juliet spürt, daß ihre Brüste nicht echt sind. Whitey sagt zu Redfield «mein Sohn». Holzkohlengeruch wird herangeweht.

«Asphalt hätte sicher nichts gegen ein Schälchen von deinem Eis, Mama Thibeau. Seit wir aus Indiana raus sind, redet er von nichts anderem. Mutter Thibeau macht nämlich selbst Eis.»

«Eis ist im Kühlschrank, Honey. Leg besser noch Fleisch auf, Whitey. Kommt Kinder, wir setzen uns hinters Haus.»

Ostrich Lady und Whitey gehen hinein. Redfield, Juliet und Asphalt folgen Gert nach hinten. Da ist eine überdachte Terrasse mit Gartenmöbeln und Kühlboxen und einem zum Grill umgebauten großen Faß.

Redfield und Juliet sitzen schweigend da und schlürfen ihr Bier. Juliet packt seine Hand und drückt sie, damit er zurückdrückt. In diesem Augenblick würde sie am liebsten in der kühlen schwarzen Erde liegen. Die Meilen, die ihr Blick überstreicht, scheinen ihr durch die Augen ganz langsam das Leben abzusaugen. Ihre Haut pulsiert unter der Kleidung, und wo sie von der Sonne berührt wurde, fühlt sie sich spröde. Wer sind diese Leute, fragt sie sich, und warum sind sie so nett? Ihr kommen die Tränen, und sie lächelt vor Verwunderung darüber, wie schnell das geht, und erklärt, sie habe Rauch in die Augen bekommen.

Whitey bringt noch mehr Hühnchenfleisch, und Ostrich Lady holt Asphalt ein Schälchen Eis.

Dann bittet Ostrich Lady um Aufmerksamkeit und erzählt ihnen die große Neuigkeit. Michelle, ihre Tochter, hat ein Stipendium für Stanford bekommen.

«Sie ist ein verdammt gescheites Mädchen», erklärt Asphalt.

«Oh, wie wunderbar», meint Gert.

«Wir wissen es schon 'ne Weile, aber wir wollten's euch selbst sagen, eure Gesichter dabei sehen. Ich hab nicht mal gewußt, wo Stanford liegt.»

«Stanford gehört zu den besten», sagt Whitey und legt noch ein paar Hühnerflügel auf den Grill. «Eine wirklich gute Uni.»

«Wo ist sie jetzt?» fragt Juliet.

«Tja, und wir beide machen 'ne Tour durch unser tolles Land.»

«Genau wie wir», sagt Redfield.

«Und wo ist deine Tochter jetzt?» fragt Juliet noch einmal und hat das Gefühl, nur eine Stimme zu sein.

«Ja, und ich hab noch 'ne Neuigkeit. Mein Vater hatte 'ne 53er Indian Roadmaster und 'ne 47er Indian Chief. Als er starb, hab ich sie geerbt. Und wißt ihr, was Asphalt und ich gemacht haben? Wir haben sie zur Motorradveteranen-Auktion nach Daytona gebracht und sind mit über vierzigtausend Dollar bar auf die Hand wieder abgezogen. Wir sind reich, mein Schatz, hab ich zu Asphalt gesagt. Wir haben den großen Coup gelandet.»

«Wie hast du das bloß fertiggebracht, die Motorräder von deinem Vater zu verkaufen?» fragt Redfield.

«Er hat's mir selbst gesagt, mein Bester. Sonst hätt ich's nie getan. Und nun geht's uns prächtig, und wir sind gewaltig verliebt. Also haben wir den Laden dichtgemacht und sind losgefahren.»

«Und wo ist deine Tochter?»

«Bei ihrer Oma in Palo Alto. Da treffen wir sie im August.»

«Ein verdammt gescheites Mädchen», wirft Asphalt ein. «Sie hat ein pornographisches Gedächtnis.»

«Photographisch!» korrigiert ihn Ostrich Lady und versetzt ihm einen Klaps. «Deines ist pornographisch.»

«Zwei tolle Maschinen», sagt Whitey, dessen Oberkörper in Rauch gehüllt ist. «Hab Bilder davon gesehen.»

«Tolles Feeling», meint Asphalt.

«Oh, Honey, deine schöne Haut», sagt Ostrich Lady und geht zu Juliet. «Du brauchst ein bißchen Sonnenmilch und Aloegel. Ich hab auch Aloelotion da. Das ist zur Hälfte Aloegel und ein Gemisch aus Sheabutter, Weizenkeimen und Aprikosenöl...»

Ostrich Lady hebt Juliets weißblondes Haar hoch und streicht ihr mit den Fingerrücken über die Haut.

«Das ist sehr wohltuend, alles natürlich. Gibt deiner Haut

die Feuchtigkeit, die sie braucht. Deine Haut ist empfindlich. Du solltest Ledersachen anziehen. Wenn du in diesen Klamotten Motorrad fährst, machst du dich kaputt. Da erwischt dich die Sonne voll. Und der Wind. Du hast ganz weiße Haare. Ich hol mal die Sachen.»

Ostrich Lady kommt mit einem Nylonbeutel voller Lotions und Shampoos zurück. Sie drückt sich Feuchtigkeitscreme auf die Handfläche und reibt sie sanft in Juliets Haut, am Gesicht, am Hals, an Schultern und Armen.

«Aloe vera wird schon seit dreieinhalbtausend Jahren in der Medizin verwendet. Marco Polo hat sie bei den Chinesen kennengelernt, als Heilmittel und Schönheitstrank. Ich hab noch mehr von allem. Du kannst was abhaben, bis du dir selbst was besorgst. Zum Beispiel die Kakaobutter-Sonnenlotion. Die ist wirklich gut. Sie enthält Kakaobutter, Sesamöl, Schwarznußblatt-Extrakt und Aloe-vera-Gel. Du mußt sie auftragen, wenn du schon ein bißchen braun bist.»

*

Es kommen noch mehr Leute zum Hühnchenessen, Horace und Jane, Tex und Mona, Milt und Jo. Sie bringen Kartoffel- und Nudelsalat, Bohnen, Obstkuchen und Pudding mit.

Horace, Tex und Milt haben von Anfang an mit Whitey am Damm gearbeitet. Gert ist die einzige von den Frauen, die von Beginn an dabei war. Milt war Signalgeber, Tex Lastwagenfahrer. Horace war Kranführer und Whitey Bulldozerfahrer. Nach dem Dammbau gingen sie zum Militär, haben in Michigan, in Quebec, in Kolumbien gearbeitet, Staudämme, Brücken und Straßen gebaut, aber ihren Ruhestand verbringen sie hier, im Dunstkreis des Damms, zu dem es sie zurückgezogen hat.

Beim Essen bringt Redfield sie dazu, vom Damm zu erzählen, sagt, sein Vater habe ihn damals auch gesehen, zeigt ihnen die Fotos.

Milt sagt: «Riesig ist er, der Boulder-Damm oder Hoover-Damm, wie sie ihn heute nennen. Da waren fünftausend Leute rund um die Uhr beschäftigt, mit Spitzhacke und Schaufel. Die Arbeiter haben vier Dollar am Tag verdient, sieben Tage die Woche, und wenn einer nicht mehr wollte, standen schon zweihundert Jungs Schlange, um den Job zu übernehmen.»

Horace sagt: «Es gab zwei Tage Urlaub an Weihnachten und zwei Tage im Juli, zum Unabhängigkeitstag.»

Redfield sagt: «Das waren Zeiten.»

So ist das, denkt Juliet. So ist das also.

Whitey sagt: «Sie haben mich immer zusammen mit meinem Caterpillar mit der Kabelbahn hochgehievt und auf der Dammkrone abgesetzt, da sollt ich den Dreck wegräumen in gut zweihundert Meter Höhe. Ein paarmal hab ich gedacht, gleich kipp ich runter. Angst hab ich keine gehabt. Ich hatte jedenfalls 'n Job.»

Milt sagt: «Eines Tages, wie ich den Signalgeber gemacht hab, seh ich auf der anderen Seite, in Nevada, 'n Monteur abstürzen. Weil grad keine Lastwagen da waren, bin ich rüber, um zu helfen, aber da war schon nichts mehr zu machen. Als ich wieder zurückgeh, warten schon zwanzig Lkws, und da kommt so ein knallharter Vorarbeiter und meint: Was machst du denn für'n Scheiß? Die warten schon alle auf dich.»

Jo sagt: «Milt, bitte!»

Milt sagt: «Ich erzähl ihm, was passiert ist, und er meint nur: Macht nichts, der stört keinen mehr.»

Tex sagt: «Es war besser, wenn einem in Arizona was passiert ist, da war die Entschädigung höher.»

Horace sagt: «Ja, aber fürs Sterben war Nevada besser, weil wenn in Arizona einer bei 'nem Unfall umkam, dann mußte jemand aus Kingman raufkommen und die Sache begutachten. Hat Stunden gedauert.»

Whitey bringt noch eine Platte mit Hühnchenfleisch. Er hat seinen Spazierstock am Handgelenk hängen und tupft sich immer wieder die Augen ab, lächelt dabei die ganze Zeit. Als er Juliets Blick begegnet, zwinkert er ihr zu, entlockt auch ihr ein Lächeln.

Tex sagt: «Ich hab mal gesehen, wie sich einer in Nevada das Bein gebrochen hat und nach Arizona rübergekrochen ist.»

Redfield sagt: «Mein Vater hat erzählt, daß ein paar Männer im Damm begraben sind.»

Tex sagt: «Quatsch! Sechsundneunzig Männer sind bei der Arbeit umgekommen, und alle haben wir sie rausgeholt.»

Redfield hört nicht zu. Er denkt an die Männer, die den Damm gebaut haben, und ihm gefällt die Vorstellung, daß ein paar von ihnen noch immer dort unten begraben sind, denn das hat ihm sein alter Herr erzählt.

Tex sagt: «Ich war Lastwagenfahrer. Nichts als Blattfedern und Hartgummi. Erde karren. Irrer Job. Jedesmal wenn ich wieder hinkomm, werd ich ganz sentimental.»

Horace sagt: «Wir hatten acht große Elektrobagger mit riesigen Schaufeln. Durch die Kabel liefen 2300 Volt. Die Jungs, die die Kabel hinter den Baggern hergezogen haben, standen bis zur Hüfte im Wasser. Da komm ich heut noch nicht drüber weg.»

Juliet sieht die Frauen an. Jane starrt, den Finger an die Wange gelegt, hinaus in die Wüste. Mona schaut auf ihre Hände. Jo reibt sich die Stirn, und nur Gert scheint zuzuhören, obwohl sie das alles schon kennt. Juliet fragt sich, wie es sein muß, wenn man seinen Mann mit etwas so Riesigem wie dem Hoover-Damm teilt. Sie läßt sich diesen Gedanken richtig bewußt werden. Vielleicht wacht sie ja gleich auf. Sie zwickt sich und sieht zu, wie der Fleck Haut erblüht. Wacher kann sie wohl kaum werden. Sie sollte vielleicht mal in Albuquerque anrufen und fragen, ob alles in Ordnung ist. Die ganze Zeit ruft irgend jemand irgend jemand anders an.

Asphalt und Ostrich Lady sitzen etwas abseits und rauchen einen Joint. Ostrich Lady lächelt und zwinkert Juliet zu.

Whitey sagt: «Ganze Fabriken haben wir auf der Baustelle gebaut. Haben alles, was wir brauchten, selber hergestellt. Da gab's ein Walzwerk. Ein Betonwerk. Haben bei jeder Sprengung 'ne Tonne Dynamit in die Luft gejagt. An einem einzigen Tag achtzig Meter Tunnel gebohrt. So breit, daß zwei Güterzüge aneinander vorbeigekonnt hätten.»

Tex sagt: «Wir haben die Maschinen nie ausgemacht. Bei Schichtwechsel haben wir uns die Tür in die Hand gedrückt. Große Lkws. Jede Menge PS. Für die Bohrmeißel hatten wir die großen Fords.»

Horace sagt: «Und die Jungs ganz oben, wie die Affen hingen die an den Seilen, den Bohrhammer in den Händen. Auf einem schmalen Brett, an zwei Seilen. 'ne dreiviertel Million Kubikmeter Fels haben die aus den Canyonwänden gehauen.»

Milt sagt: «Wir haben in Wohnheimen und Zeltstädten gelebt. Kamen von überallher. 'ne eigene Bahnstrecke haben wir gebaut.»

Redfield sagt: «Wahnsinn, dieser Damm. Fast genauso beeindruckend wie der Grand Canyon.»

Tex sagt: «Den Grand Canyon hat Gott gebaut. Der Scheiß-Damm, das waren Menschen.»

Mona sagt: «Tex, bitte!»

Jane sagt: «Männer sind nur für zwei Dinge zu gebrauchen, und eins davon ist Dämme bauen.»

Gert sagt: «Abspülen können sie auch. Ich glaube, sie sind dran.»

*

Nacht in der Wüstenstadt.

«...Diese Menschen leben in der Wüste, in den Bergen, da, wo die Straßen aufhören, und da, wo es keine mehr gibt. Sie leben unter Brücken, in Parks und engen Gassen, in Autos und Schulbussen, die irgendwo stehen gelassen wurden. Sie leben allein und hinter geschlossenen Türen... Denn diese Leute waschen sich manchmal nicht, haben manchmal keine Wohnung oder keine Arbeit, sind ungebildet oder psychisch krank, verstoßen gegen das Gesetz oder wollen manchmal bloß ihre Ruhe haben, und manchmal ist ihnen einfach alles scheißegal. Und weil diese Menschen einem was wegnehmen könnten, Geld oder Schmuck oder einen Laib Brot oder das Videogerät, vielleicht auch das Leben, obwohl das nicht sehr wahrscheinlich ist, weil sie sich normalerweise gegenseitig umbringen, macht es einem doch angst. Schon das Wissen, daß sie da draußen sind, macht einem angst. Sie stören das Bild. Manchmal stinken sie, und ihr Gestank könnte einem in die Nase steigen. Ich kenne ein paar von diesen Leuten, und jetzt, wo ich drüber nachdenke, glaub ich, man muß wirklich Angst vor ihnen haben, allerdings nicht vor den Kindern, noch nicht.»

«Asphalt predigt», kommentiert Ostrich Lady.

«Weißt du, manchmal ist mir auch einfach alles scheißegal.»

«Manchmal ist es alles andere als einfach mit dir», sagt Ostrich Lady.

«Okay. Redfield, mein Junge, paß auf, damit du was lernst. Nach Kalifornien nimmst du die I-15. Fahr nur tagsüber, dann ist alles okay. Und nicht auf Nebenstraßen. Auch in Nevada bewegst du deinen Hintern nicht von der Hauptstraße weg und fährst bei Tag. Das gleiche gilt für Utah.»

«Alles klar.»

«Überall die Militärstützpunkte: In Kalifornien Fort Irwin, China Lake und Twenty-nine Palms, in Nevada Nellis und in Utah Wendover. In Arizona Yuma und in New Mexico White Sands und Fort Bliss. Elitetruppen. Echte Supermänner. Was die machen, wissen bloß ein paar Spinner in Langley. Die Jungs sind wirklich Supermänner. Die heben 'nen Jeep hoch und holen barfuß ein Auto ein. Das machen sie mit Pharmaka, kleinen schwarzen Kapseln, die unter der Haut eingepflanzt werden. Manchmal flippen sie aus, ballaballa, verstehst du? Dann entführen sie brave Bürger. Scheiße, was meinst du, wohin die ganzen vermißten Kinder verschwinden? Die werden auch zu solchen Supermännern gemacht.»

Die anderen Gäste sind gegangen. Gert liegt bereits im Bett. Asphalt, Ostrich Lady, Whitey, Juliet und Redfield lehnen sich in den Liegestühlen zurück. Jetzt kommt die Wärme aus dem Boden, nicht vom Himmel. Juliet greift nach Redfields Hand. Sie würde sich gern seine Finger in die Ohren stecken. Sie ist hundemüde, zu fertig, um noch Gefallen an Asphalts Geschichten zu finden. Sie liegt ruhig da, fühlt ihre Haut von innen heraus, spürt die wohltuende Wirkung der Cremes von Ostrich Lady. Wenn ich nur mein restliches Leben so müde sein könnte.

«Und woher weißt du das alles?» fragt Redfield.

Asphalt wirft Ostrich Lady einen fragenden Blick zu.

«Na los. Erzähl's ihm schon», fordert sie ihn auf und fährt dabei mit der Hand durch die Luft.

«Ich war auch mal so einer. Auch bei so 'ner Truppe, aber nicht so hart drauf wie die. Damals gab's meistens so altmodisches Zeugs. Aus der Apotheke. Das beste Speed, das du je gesehen hast. Sie pflanzen dir 'ne Kapsel davon unter die Haut. Da bleibst du 'ne ganze Woche lang wach, bis du am liebsten sterben würdest für ein bißchen Schlaf. Später dann diese Psychoscheiße. Sollte das Gehirn anregen, Endorphine und Adrenalin auszuschütten. Ich hab's kommen sehen. Eines Tages hat einer von den Jungs den Finger durch ein dickes Sperrholzbrett gebohrt. Einfach so, geht hin und bohrt einfach den Finger durch. Ganz langsam. Als wär's Butter. Da bin ich wirklich ausgeflippt.

Hab mir absichtlich den Arm gebrochen. Dann hab ich zugesehen, daß er nicht heilt. Dafür haben die mich ganz schön fertiggemacht. Wenn sich jemand anders was gebrochen hat, haben sie ihn zusammengeflickt, und in drei, vier Tagen waren seine Knochen wieder heil. Ich hab mir den Arm immer wieder gebrochen, und sie haben's nicht gerafft. Ich war der tolle Draufgänger, aber als ich nicht wieder werden wollte, haben sie mich schließlich abgeschrieben. Ich hab richtig gebettelt, sie sollten mich dabehalten, damit sie mir nicht auf die Schliche kamen.»

Juliet hat das Gefühl, eben aufzuwachen, einen Teil von Asphalts Geschichte verschlafen zu haben. Sie dreht den Kopf herum und drückt Redfields Hand. Vielleicht war sie eingedöst. Wenn das nur noch mal ginge.

«Ich werd wieder ein normaler Bürger. 'ne Zeitlang läuft alles ganz ruhig. Ich fang ein kleines Straßenbaugeschäft an, Zufahrten und kleine Parkplätze. Reparier Motorräder und fahr mit den Invaders durch die Gegend. Hör mir Geschichten an. Dann eines Morgens komm ich runter, und da liegt dieser Typ, den ich von irgendwoher kenn, auf dem Sofa. Hat da übernachtet und sagt kein Wort. Ich geh zur Arbeit, und als ich zurückkomm, ist er weg, wie ein Gespenst, kein Abschiedsgruß, nichts, nur ein nagelneuer Hundertdollarschein liegt auf dem Tisch. Und dann, dieses Frühjahr, sitzt wieder einer von den Jungs auf meiner Couch, und der redet. War in Saudi-Arabien dabei. Einer von den Jungs, die wochenlang auf Geländemaschinen in den Irak rein sind. Tagsüber hat er in 'nem Sandloch geschlafen, nachts ist er gefahren. Der erzählt mir, wie er eines Nachts nicht rechtzeitig gemerkt hat, daß es hell wird, und plötzlich steht da jemand vor ihm im Sand. Er wußte nicht, wer's war, also hat er abgedreht und auf die Tube gedrückt, um wegzukommen. Und der andere zu Fuß hinterher. Er holt ihn ein und läuft neben ihm her.»

Ostrich Lady unterbricht ihn. Sie erzählt Juliet, daß Asphalt den Golfkrieg im Vollsuff verpaßt hat, deshalb hat sie ihm zum Vatertag ein Video davon geschenkt.

«Sein Funkgerät ging nicht, und er hatte wichtige Informationen durchzugeben. Die Position von Scud-Raketen, die auf Israel gerichtet waren. Dann verschwindet er in der Wüste. Stand in der Zeitung. Wenn sie so was rauslassen, dann nur deswegen, weil da noch viel mehr ist, was sie geheimhalten. Die geben doch nur Informationen raus, um andere Informationen damit zu verschleiern. Das hat mir mein Freund erzählt, weil er stocksauer war. Die ganze Zeit hat er sich für den härtesten Burschen überhaupt gehalten, und dann stellt er fest, er ist es gar nicht. Ganz schön entmutigend. Am nächsten Morgen ist er weg, und ich finde zwei nagelneue Hunderter, die wie Joints aufgerollt aus einem Häufchen Sand ragen, das er auf den Küchentisch geschüttet hat. Hörst du mir noch zu?»

«Recht hat er», sagt Whitey. «Wir hatten Jungs in Korea, die sind los wie der Wirbelwind. Haben im Nahkampf fünfzehn Mann auf einmal abgemurkst. Ich hab mal gesehen, wie einer zwei, drei Schüsse abgekriegt hat, aber das hat ihn gar nicht gejuckt. So, bei mir ist's jetzt Zeit für die Koje.»

Der Alte erhebt sich und läuft sachte auf der Terrasse hin und her, damit das Blut in seinen Beinen wieder in Schwung kommt. Er sagt allen gute Nacht, sagt zu Redfield und zu Asphalt «mein Sohn» und gibt den Frauen einen Kuß auf den Scheitel.

Als Whitey weg ist, holt Asphalt die Decken, die Gert an der Schiebetür liegengelassen hat.

Sie stellen die vier Liegestühle nebeneinander, mit Blickrichtung Osten. Die Frauen nehmen die beiden mittleren. Asphalt geht ins Haus und kommt mit kaltem Hühnerfleisch, Bier und Pommes zurück. Kaugeräusche und Geräusche von Bierdosen, die im Mondlicht geöffnet werden.

Redfield hat das Gefühl, daß sich ein schweres Gewicht auf ihn herabsenkt. Hier an dieser Stelle, wo sein Stuhl auf der Erde steht, ist die Schwerkraft aufgeflackert, über das normale Maß hinausgeschossen. Er hat Durst, schafft es aber kaum, die Bierdose an den Mund zu heben. Er hat Hunger, doch das Hühnerfleisch scheint am Knochen festgenäht, und er kriegt's nicht los. Jetzt kommt der Absturz. Es kümmert ihn nicht, und er hat Angst. Seine Augen reagieren selbst auf das Sternenlicht empfindlich. Er zieht sich die Sonnenbrille vom Scheitel herunter auf die Nase. Hört sie essen und trinken, schlucken und verdauen.

«Manchmal hab ich den Eindruck, ich bin die einzige Frau in Amerika, von der es keine Nacktfotos gibt», sagt Ostrich Lady. «Ich hätt gern ein paar Nacktfotos von mir für die Nachwelt, damit ich meinen Enkeln zeigen kann, wie ich mal ausgesehen hab.»

«Ich hab 'ne Kamera», sagt Juliet in neckischem Tonfall.

«Hättest du was dagegen, Asphalt?»

«Ach was, mach nur.»

«Spinn doch nicht rum», sagt Juliet. «Es ist dunkel.»

Redfield murmelt: «Ich kenn jede Menge Frauen, von denen es keine Nacktfotos gibt.»

Doch Ostrich Lady ist bereits aufgestanden und zieht sich aus. Asphalt zündet einen Joint an und läßt ihn herumgehen, während Ostrich Lady mit den Händen an ihrem Körper entlangstreicht. Der schimmert weiß im Dunkel der Nacht, bis auf den großen blauen Strauß.

«Ich hab mal als Stripteasetänzerin gearbeitet, nicht wahr, Asphalt?»

«Da hab ich dich kennengelernt, Baby. Du hast mich angesteuert und dich auf meinen Schoß gesetzt. Toll.»

Ostrich Lady tanzt. Sie schwingt die Hüften, schiebt sie vor, zieht sie zurück, kräuselt den Bauch.

Redfield, Juliet und Asphalt formen mit Daumen und Zeigefingern einen Rahmen vor dem Gesicht, machen klikkende Geräusche und sagen: Noch eins, eines noch, jetzt auf die andere Seite, jetzt die Hüften, und noch mal die Hände, die Hand auf die Hüften…

«Wunderschön», sagt Juliet.

*

In der Nacht wacht Juliet von den Liebesgeräuschen auf, die Ostrich Lady und Asphalt von sich geben. Sie schaut hinüber und sieht, wie sich der weiße Rücken von Ostrich Lady wölbt, wie ihr das Haar ins Gesicht fällt, wie sie sich mit einer Hand auf die Stuhllehne stützt. Sie tanzt wieder.

Juliet läßt die Knie auseinanderfallen. Sie legt sich die Hand zwischen die Beine und spürt nichts, gar nichts. Sie versucht sich zu erinnern, wie es sich anfühlen müßte, doch es gelingt ihr nicht. Sie rutscht mit der Hand nach oben und bearbeitet ihre Brustwarze. Während sich der Rücken von Ostrich Lady wölbt und versteift, wird Juliets T-Shirt naß. Sie verschränkt die Arme und kämpft sich wieder in den Schlaf. Auch Redfield findet in dieser Nacht Schlaf, zum erstenmal seit Tagen. Als er aufwacht, ist es hell, und Gert sitzt neben ihm und trinkt Kaffee. Sie erzählt ihm, daß Whitey mit den Frauen nach Las Vegas gefahren ist. Asphalt ist in der Garage und wartet sein Motorrad. Sie schenkt ihm aus einer Kanne, die auf dem Tisch steht, eine Tasse Kaffee ein.

«Ihr seid sehr nett zu uns», bedankt sich Redfield.

«Schon gut. Der Himmel gehört uns allen. Jeder kann unter ihm schlafen. Es ist nett, euch hier zu haben. Ihr solltet mal die Typen sehen, die die beiden sonst so anbringen.

Nicht daß ich mich für was Besseres halte, aber das ist ganz schöner Abschaum.»

«Was wollen sie in Las Vegas?»

«Hautcreme kaufen, glaub ich.»

Redfield räuspert sich und setzt sich im Liegestuhl auf. Er zieht die Decke zurecht und versucht ihr deutlich zu machen, daß er aufstehen will.

«Ach, nur zu», meint sie. «Du hast nichts, was ich nicht schon mal gesehen hätte. Ich bin zu alt, um aufzustehen und wegzugehen, nur weil da ein nackter Mann ist.»

Redfield mag sie. Er dreht sich samt Decke herum und wendet ihr den Rücken zu, fischt seine Jeans vom Fußboden und schlüpft hinein. Dann steht er auf. Die Binde, mit der er die Rippen eingewickelt hat, hängt lose herunter, die Spannung ist weg. Gert erhebt sich und geht hinein. Redfield schlurft an den Rand der Terrasse. Er zieht den Reißverschluß auf und pinkelt einen rötlichen Strahl an den Kaktus. Dann schlurft er zurück zum Liegestuhl und zieht Socken und Stiefel an. Der Schmerz ist wieder da. Er beißt die Zähne zusammen und wimmert, denkt, daß er vielleicht doch zum Arzt gehen sollte, aber was soll's?

Gert kommt mit einer elastischen Binde und einem Schwamm zurück. Sie ruft ihn und winkt ihn zu sich, bedeutet ihm, die Arme hochzuheben. Dann wickelt sie ihm den verschwitzten Verband von den Rippen, rümpft dabei die Nase.

«Riecht 'n bißchen streng, findest du nicht?»

«Ja», flüstert Redfield mit geschlossenen Augen.

Sie geht zum Wasserhahn an der Hauswand, macht den Schwamm naß und wäscht seinen Oberkörper damit ab. Dann wickelt sie ihn mit der elastischen Binde ein.

«Danke.»

«Ich hab in meinem Leben schon mehr Rippen verbunden. Wenn es nicht die Jungs beim Dammbau waren, dann welche, die sich beim Sport verletzt hatten. Und jetzt gehst du nach vorn und fragst meinen Sohn, ob er dir den Ölwechsel machen kann.»

Redfield bedankt sich noch mal und schlüpft in sein Jeanshemd.

«Laß mich mal machen», meint sie, zieht ihm das Hemd auf den Schultern zurecht und schließt die Druckknöpfe. «Ich weiß, du bist ein guter Junge. Das seid ihr ja alle.»

Als er sich abwendet, klopft sie ihn auf den Hintern. Recht kräftig, genau auf die Gesäßtasche.

«Damit du endlich erwachsen wirst», sagt sie. «Für irgendwas hast du's bestimmt verdient.»

Asphalt ist in der Zufahrt mit seinem Motorrad beschäftigt. Er hat es auf eine Plane gerollt. Die leeren Öldosen sind ineinandergestapelt, so daß die Ölreste von einer in die andere tropfen. Daneben ein paar volle Dosen. Schraubenschlüssel und Lappen hat er ordentlich nebeneinandergelegt. Der Geruch von Motoröl und Kaffee hängt in der trokkenen, heißen Luft. Es wird wieder eine Bullenhitze geben. Da paßt die Haut nicht mehr richtig aufs Fleisch.

«Hey, Alter, woran merkt man, wenn 'ne Frau einen Gehirnschaden hat?»

«Weiß ich nicht», sagt Redfield.

«Ich auch nicht! Gut, was?»

Asphalt bricht in lautes Gelächter aus und erzählt Redfield, daß er sich das selbst ausgedacht hat.

«Du wirkst ein bißchen mitgenommen heut morgen. Als hätte dich ein Kojote gefressen und von einen Felsen geschissen.»

«Ich weiß. Hab irgendwie keine Power mehr. Der gute Tex hat ganz schön aufgedreht gestern nacht, was?»

«Das war nichts Besonderes. Aber ich sag dir, mein Junge, leg dich nicht mit Whitey an. Der ist knallhart. Und mit mir auch nicht.»

«Hab eh keine Power mehr.»
«Manchmal ist einem zum Sterben.»
«Sag mal, hast du was da?»
«Ich eß das Zeug, snief es und rauch's, nur spritzen tu ich mir nichts mehr. Einmal war ich achtundzwanzig Tage am Stück wach. Hatte auch sein Gutes. Ich hab sämtliche Geräte im Haus zerlegt und mußte sie dann alle wieder zusammenbauen. Hat aber alles funktioniert. Danach hab ich erst mal fünf Tage geschlafen.»
«Und du hast nicht zufällig was da?»
Asphalt sieht ihn an, schüttelt den Kopf und lächelt dabei. Dann greift er nach einem Schraubenzieher, hebelt den Scheinwerfer auf und holt etwas heraus, ein kleines rechteckiges Päckchen aus fest zusammengefaltetem Zeitungspapier mit einem Gummiband drumrum. Er faltet das Papier auseinander.
«Verträgst du was?»
«Denk schon.»
Er kippt den Inhalt, ein weißes Pulver, in Redfields Kaffee.
«Müßte für eineinhalb Tage reichen. Guter Stoff. Da vögelst du die ganze Nacht durch.»
Redfield stürzt den Kaffee hinunter. Etwas in ihm knallt so heftig los, daß er sich an den Schädel faßt. Eine Art Donnerschlag, von der Nasenspitze bis in die Zehen. Das Blut drängt herzwärts, und Schweiß strömt aus allen Poren.
«O Mann», stöhnt er.

*

Sie waschen sich gerade mit Benzin die Hände, als Whitey ankommt. Mit den Motorrädern sind sie längst fertig, haben schon die Zufahrt gefegt. Auch die Garage haben sie geputzt und den langen Picknicktisch und den Zaun gestrichen. Sie haben Gräben für den Rasensprenger ausgehoben und die Rohre zurechtgelegt. Dann haben sie einen Gummiball gefunden und ihn sich übers Haus hinweg zugeworfen. Redfield mag das Gefühl von Kühle, das das Benzin auf der Haut hervorruft, ihm gefällt, wie es Schnitte und Risse rot erblühen läßt.

Juliet steigt aus dem Auto und stellt sich in Pose. Sie trägt Lederhandschuhe, eine Motorradjacke, Chaps und Cowboystiefel. Alles in Schwarz.

«Hübsch», sagt Redfield. «Wirklich hübsch.»

Ostrich Lady zieht den Reißverschluß ihrer Jacke auf und zeigt ihr schwarzes T-Shirt, auf dem eine kniende Frau von hinten zu sehen ist, die schwarze Netzstrümpfe trägt, mit Nähten an der Rückseite. Ihr Kleid ist über die Hüften hochgeschlagen, und man sieht die Sohlen ihrer Stöckelschuhe. Daneben steht *Mach's wie in Hollywood, vögel dich durch!*

Als sich die beiden umdrehen, sieht man, daß aus ihren Jeans große Quadrate herausgeschnitten sind, in den Kniekehlen und dort, wo die Beine in den Po übergehen. Das untere Drittel der Gesäßtaschen ist weg.

«Künstlerisch wertvoll», meint Asphalt.

«Whitey hat Zigarren aus Nicaragua besorgt», erzählt Ostrich Lady. «Er ist ein richtiges Schlitzohr.»

Whitey rollt eine dicke Zigarre zwischen den Lippen hin und her. Dabei grinst er wie ein toller Hecht, ein von seinen Mädels umschwärmter Roulettkönig.

Redfield sieht ihn als jungen Mann vor sich, wie er von seinem schweren Bulldozer springt und nach Hause rast, zu Gert. Die spritzt ihn mit dem Gartenschlauch ab, und nach einem Bier und einem ordentlichen Stück Fleisch, nachdem das Radio abgeschaltet ist, werden sie hitzig, und sie reiben ihre verschwitzten Körper aneinander.

«Wir waren im Liberace-Museum», erzählt Juliet. «Chopins Klavier steht da, und ein fünfzig Pfund schwerer künstlicher Diamant. Der hat mit seinem Glitzern alles andere überstrahlt.»

Redfield spürt, wie es in ihm summt. Er hört das unhörbare Geräusch der Wüste, den sich bewegenden Sand, einsame Dickhornschafe droben in den Bergen. Er hört Wagenladungen von Strom durch die Hochspannungsleitungen fließen und Wasser durch die Rohre unter der Straße. Er hört, wie sich in der Hitze alles zusammenzieht. Diese Hitze.

«Okay», sagt er. «Zeit loszudüsen.»

«Stimmt», meint Juliet ein wenig traurig. «Ihr wart alle so nett.»

Ostrich Lady gibt Redfield einen Kuß auf den Mund und nimmt ihn in die Arme. Als sie mit den Lippen dicht an seinem Ohr ist, sagt sie: «Paß bloß gut auf das Mädchen auf, mein Freund. Sie hat die Hölle durchgemacht und braucht jemanden, der sich um sie kümmert. Sorg anständig für sie, oder du kriegst es mit mir zu tun.»

Sie gibt ihm noch einen Kuß und lächelt, mit Tränen in den Augen.

«Also, Kumpel», sagt Asphalt. «Du machst 'n Bogen um Fort Barstow und trödelst mir nicht in San Bernardino rum. Hast du verstanden?»

Redfield nickt und reicht allen die Hand. Er schaltet den Strom hinter seinen Augäpfeln an und verteilt abgedrehte Blicke. Dann steigt er auf die Harley und läßt sie an. Juliet schwingt sich hinter ihm in den Sattel, und sie bullern davon.

12

Ein kräftiger Wind fegt die Route 15 entlang. Er wirbelt über die ausgetrockneten Seen, die Mesas und die Wildpferdcanyons, formt sie, poliert sie, trägt ihre unendlich vielen Körnchen fort, zu einer anderen Formation, in eine andere Senke.

Brütende Hitze. Sie verlassen Boulder City und fahren hinab, Richtung L. A. Der heiße Wind bläst ihnen ins Gesicht. Er weht in Richtung Nordosten, wird mit jeder Meile stärker. Kasinos in der Wüste wie Oasen, wie das Tadsch Mahal, wie Angkor Wat, wie Theben, wie der Vatikan mit Zapfsäulen davor.

Ein Trucker sagt ihnen, der Wind bläst hier ständig. Wie aus dem Auspuff, meint er. An der Grenze nach Kalifornien nehmen sie die Helme ab. Juliet reibt sich mit Sonnencreme ein. Im Norden liegt das Death Valley, im Süden die Mojave-Wüste. Bremsen von Lkws quietschen und zischen. Und hier sind die China Naval Weapon Base, Fort Irwin, Twentynine Palms und Fort Edwards, viereinhalbtausend Quadratmeilen Spielplatz für die schwerbewaffneten Supermänner. Seit sechshundert Jahren sind sie die ersten Menschen, die sich hier niedergelassen haben. Wir vergessen unsere Vergangenheit nicht einfach nur, wir versiegeln sie, fliegen Bombenangriffe, verwandeln ihre Masse in Energie, bringen Technik und Geschichte durcheinander, mögen das eine und scheuen das andere. Überleg erst, was *für dich* richtig ist, dann überleg, was richtig ist.

Redfield geht hinüber zur Tankstelle. Juliet bleibt beim Motorrad, sagt, sie will ein bißchen allein sein, sagt: Bring mir was mit. Im Laden steht eine Frau, die er zu lange ansieht. Immer nimmt er Blickkontakt auf. Rempelt Leute an. Liest die ganze Speisekarte. Reiht sich falsch in Warteschlangen ein. In solchen Dingen ist er nicht sehr geschickt, und ein Typ sagt es ihm.

Redfield beobachtet das Treiben von einem abgelegenen Tisch in der Ecke aus, nippt an seinem Kaffee und sieht ab und zu nach Juliet. Die Leute, die an ihm vorbeigehen, vergleicht er mit Kinostars. So ist es einfacher, sie nicht real werden zu lassen. Er stellt sich vor, daß er einige wiedererkennt, die er in Connecticut oder New Jersey oder vielleicht auch in Virginia gesehen hat. Ihm wird richtig heiß. Er fängt an zu schwitzen, braucht etwas Kaltes zum Trinken. Er denkt, alle beobachten ihn. Er denkt, vielleicht war er schon mal hier, aber das kann nicht sein. Vielleicht hat er alles nur gelesen oder gehört oder schon mal gesehen. Juliet sitzt im Schatten. Sie schreibt ein paar Ansichtskarten. Er überlegt, wie lange ein bißchen ist.

Er stellt sich wieder in die Schlange, holt sich einen Becher, sieht den Getränkeautomaten nicht. Er folgt den Leuten vor ihm, hofft, sie wissen, wie es geht.

«Ein kleines Getränk», sagt der Mann an der Kasse. «Das macht sechzig Cent.»

«Wo bekomme ich mein kleines Getränk?»

«Da drüben. Sie können unbegrenzt nachfüllen.»

Wie im Leben, denkt er.

Er sagt: «Sie meinen, wenn ich in zehn Jahren wiederkomme, dann bekomme ich noch eins?»

«Wie bitte?»

«Schon gut», sagt Redfield. Er will dem Kassierer nicht auf die Nerven gehen. Er sorgt sich wegen der Sicherheitskräfte in diesen Highway-Fast-food-Ketten.

Er holt sich eine Limonade und setzt sich wieder. Jetzt sitzen ein Mann und eine Frau am nächsten Tisch. Die hat er schon mal gesehen. Der Typ sieht aus wie Kojak. Redfield starrt ihn an. Der Typ sieht ihn an, dann seine Frau und sagt etwas, das Redfield nicht versteht. Wieder sieht der Typ auf und sagt: «Was nicht in Ordnung mit dir, hey?»

«Klar», sagt Redfield, «einen häßlichen Hund hast du.»

Der Typ grinst.

«Woher weißt du, daß ich einen häßlichen Hund habe?»

«So einer wie du hat einen häßlichen Hund.»

«Witzig. Ein witziger Kerl, was?» sagt der Typ zu seiner Frau.

«Jetzt fällt's mir ein», sagt Redfield, «ihr seid Marcia und Harry. Hab ich auf dem Ersatzrad gelesen, als ich euch in Bristol, Tennessee, überholt hab. Wo steht euer Winnebago? Wo ist euer Hund? Ich bin Redfield.»

Redfield steht auf, stößt dabei seinen Becher um, und sie geben sich die Hand.

«Den Leuten scheint's hier zu gefallen», sagt er und umfaßt mit einer vagen Handbewegung die Anwesenden, Frauen mit Buggies, Bustouristen, Einheimische, Kinder. «Fast wie in einem Fort am Chisholm Trail.»

«Ja», meint Harry. «Richtiges Reisewetter heute. Und wo willst du hin?»

«Fahr nur so rum. Und ihr?»

«Wir fahren zu meiner Mutter nach San Diego», sagt Marcia. «Kommen grad aus Las Vegas.»

«Tja, gute Reise dann», sagt Redfield, unsicher, wie er beenden soll, was er angefangen hat. Er steht da, gibt schließlich ein Lächeln von sich und geht weg.

Er sagt Juliet, sie soll sich beeilen, höchste Zeit loszukommen, und sie fragt nicht warum.

Sie fahren los, die hohen Verwerfungen hinab, die verbrannten Buckel der San Gabriel Mountains, steil abfallende

Straßen, die einem beim Blick nach unten Angst einjagen. Sie durchqueren den San-Andreas-Graben, den Sierra-Madre-Graben, den Whittier-Graben, den Raymond-Hill-Graben und kommen immer näher ans Becken von Los Angeles. Redfield fährt schnell, brettert aggressiv zwischen den aufgestauten Autoschlangen durch, denkt immer, er wird im Epizentrum sein, wenn der nächste Stoß kommt. Er weiß, beim nächsten großen Rums will er nicht an diesem Ort, nicht unter diesen Leuten sein. Er will in niemandes Horrorstory sein außer in seiner eigenen.

*

Redfields Vater hatte den Frühling und Sommer 1948 in Burbank verbracht. Er wohnte in einem Haus in der Santa Anita Street, und es steht immer noch da, 235 Santa Anita. Man kann hingehen. Er sagt Juliet, sein Herz pocht wie wild. Er denkt an seinen alten Herrn. Seine Gedanken sind schnell und freundlich. Sie sagt ihm, meins auch.

Weiter die Straße hinauf fangen die Verdugo Mountains an, dort ist das Griffith-Observatorium, das Starlight-Theater, der Wildwood Canyon, das riesige Hollywood-Schild. Die Berge machen die Straße zu einer Sackgasse, ragen so plötzlich aus der Erde hervor, daß man meinen könnte, sie wachsen noch immer weiter. Auf den Fotos steht: *Griffith-Observatorium, Mt. Hollywood* und *18. Februar 1948 am Strand – schön, sehr warm.* Er hockt vor dem Griffith-Observatorium. Dann parkt der Nash direkt am Meer. Die Beifahrertür steht offen, und er sitzt da, hat die Füße auf dem Boden und ein paar Zigaretten in den hochgerollten Hemdsärmel gesteckt. Auf dem dritten Foto steht nichts. Er lehnt am Wagen, Nummernschild 74X658. Hinter ihm der Bungalow, 235 Santa Anita.

Redfield klopft an die Tür. Ein Mann kommt heraus, spricht Kauderwelsch. Redfield lächelt, erzählt seine Geschichte. Der Mann lächelt zurück und sagt etwas. Redfield sagt etwas. Der Mann sagt etwas. Keiner weiß, was der andere sagt. Redfield lächelt und verabschiedet sich. Der Mann lächelt und winkt.

Juliet sitzt in ihren neuen Ledersachen auf dem Bordstein. Sie wirft ein paar Steine über die Straße in den Gully.

«Und?» sagt sie.

«Na ja, ich weiß nicht genau, aber ich denke, es war einer von diesen Boat people. Vielleicht Vietnamese oder Kambodschaner.»

«Was hat er gesagt?»

«Was die halt so sagen. Wie soll ich das wissen? War ziemlich freundlich, schien mir jedenfalls so. Ich glaub, wenn wir ihn näher kennenlernen könnten, würden wir ihn mögen. Vielleicht käme dann das Fernsehen, sie würden eine Story über uns machen, und wir verwandeln uns in Sprechblasen oder so...»

Juliet hört nicht mehr zu. Sie spürt den Schmerz wieder. Sie kann ihn nur mit Wehen vergleichen, oder vielleicht mit epileptischen Anfällen oder einem unguten Orgasmus. Sie durchforstet ihr Gehirn und versucht, den Schmerz dingfest zu machen und ihn so in den Griff zu bekommen.

«Ich hab mein Baby weggegeben wie diese berühmte Frau in New Jersey.» Die Kiesel, die sie zum Gully hinüberwirft, knallen auf das Eisen und verschwinden.

«Es wird besser werden.»

«Es wird nie besser werden. Was hast du da grad gesagt vom Fernsehen?»

«Vielleicht kämen wir auch nach Hollywood. Müßten unsere Geschichte erzählen.»

«Renn doch hin. Wie zur Beichte. Das Leben wird so verdammt öffentlich. Renn hin und erzähl deine Geschichte, und sie geben dir die Absolution und noch eine Belohnung dazu. Wie toll.»

«Und wenn ihnen deine Geschichte nicht gefällt?»

«Wohl weil sie schon bekannt ist? Aber es ist *meine* Geschichte. Es ist *meine* verdammte Geschichte.»

«Gott liebt all seine Kinder. Und all ihre Geschichten.»

Sie läßt ihren Körper gegen seinen sinken, lehnt den Kopf an seine Schulter.

«Ich denk Dinge, die ich nicht denken darf», sagt sie, «und ich hab Angst, daß man meine Gedanken lesen kann.»

Auf der anderen Straßenseite tritt eine Frau auf die Veranda. Sie sieht zu ihnen herüber, wie sie am Bordstein sitzen. Dem Alter nach könnte sie gut schon hier gewesen sein, als Redfields Vater den Sommer in Kalifornien verbrachte. Vielleicht ist er mit ihr ausgegangen. Vielleicht sind sie ins Kino gegangen, haben *Hafen des Lasters, Panik am Roten Fluß, Der Schatz der Sierra Madre* gesehen. Damals war *Todesreiter von Laredo* ein Hit. Bikinis kamen in Mode. Babe Ruth und Mahatma Gandhi starben. Orville Wright starb, und Chuck Yeager durchbrach in einer Höhe von fünfunddreißigtausend Fuß mit einer raketengetriebenen Bell X-1 die Schallmauer. Für *Hamlet* gab es einen Oscar, postum natürlich.

Redfield läßt sich vorsichtig auf den Bürgersteig zurücksinken, und Juliet legt sich daneben, den Kopf auf seiner Schulter. Er rückt die Sonnenbrille zurecht und konzentriert sich auf seinen Atem. Etwas schwindet dahin, aber er ist sich nicht sicher, was. Vorher war er sich voraus gewesen, jetzt hat er sich eingekriegt, fällt sich wieder zur Last.

«Letzten Herbst», beginnt er, «kam im College ein Mädchen nach dem Unterricht auf mich zu. Es war so um Thanksgiving. Sie wollte einen Kaffee mit mir trinken. Sie war nett zu mir, und das hat mir gefallen. Also trinken wir zusammen einen Kaffee, und sie meint, sie bewundert mich, weil ich so reif bin. Dann fängt sie an zu weinen. Nur ein bißchen, aber so viel, daß ihr Gesicht ganz naß wird. Sie sagt, sie braucht meine Hilfe. Sie hat sich ein Kind machen lassen und fragt mich, ob ich sie nach Harrisburg bringen kann, zum Abtreiben.»

«Oh, Redfield. Das arme Mädchen.»

«Ihr Freund war zu Hause bei seinen Eltern. Sie konnte es ihm nicht sagen. Ich hab sie gefragt, ob sie sonst keine Freunde hätte. Sie sagte, doch, aber sie wollte, daß ich mitkam, obwohl sie mich gar nicht kannte, denn irgendwie vertraute sie mir. Sie wollte ihr Studium zu Ende bringen, und weil es ein kleines College war, wollte sie nicht, daß es durchsickerte. Sie wollte nicht, daß diese Sache sie verfolgte. Sie meinte, ich sei jemand, der nicht lang im College bleiben würde.»

«Das war gemein, so was zu sagen.»

«Nein. Ich denke, sie hat es als Kompliment gemeint. Sie fand es irgendwie bewunderswert.»

«Und dann?»

«Dann bin ich mit ihr nach Harrisburg. Als wir dort ankamen, war grad eine Demo im Gange. Wir gingen in ein Café, wo wir die Leute treffen sollten, die uns in die Klinik brachten. Sie bildeten einen Ring um uns, vier, fünf Leute, wollten uns so durchschleusen. Sie hielt sich an mir fest. Wir gingen los und wurden angehalten. Die hatten Poster und kleine Puppen und Gläser mit so Zeugs drin. Ich kann mich genau an die häßlichen, verzerrten Gesichter erinnern. Das Mädchen hielt meinen Arm so fest, daß er gefühllos wurde.»

Juliet drückt sich an ihn und legt den Arm über seine Brust. Sie preßt den Kopf an seine Wange, damit er ihr Haar riechen kann, damit er weiß, daß sie da ist.

«Eine von diesen Fratzen kam durch und streckte uns eine kleine Fötuspuppe hin. Ich packte den Typ am Arm und zog ihn in den Kreis, und dann hab ich ihm ordentlich ein paar übergezogen. Ihm die Nase aufgeschlagen. Danach kamen wir weiter. Später, als wir drin waren, sagten unsere Begleiter, sie wären gewaltfrei und fänden es nicht gut, was ich da gemacht hatte. Als die Polizei auftauchte, schickten sie mich zur Hintertür raus und sagten, ich sollte im Auto warten.»

Irgendwo donnert es. Redfield denkt, es klingt wie ein weit entfernter Krieg, oder ist es ein Krieg, der wie weit entfernter Donner klingt, oder ist es einfach nur weit entfernter Donner? Redfield will, daß es nur das ist. Er hält jetzt Juliets Arm über seiner Brust fest.

«Nach dem Abbruch sind wir zurück, in mein Zimmer, und sie blieb über Nacht. Mein Zimmernachbar war nicht da. Ich hielt sie fest und rieb ihr den Rücken. Von kaltem Wasser bekam sie Krämpfe, deshalb machte ich ihr eine heiße Suppe. Nachts wachte sie auf. Sie war ganz heiß und verschwitzt, deshalb hab ich sie mit dem Waschlappen abgewaschen. Sie hat gezittert wie Espenlaub. Am nächsten Morgen sagte sie, sie könnte sich leicht in mich verlieben. Deshalb dürften wir uns nie wiedersehen. Sie wollte Karriere machen. Anwältin werden. Ihr Freund war Anwalt. Ihre ganze Familie, seine ganze Familie, alles Anwälte. Und wenn sie sich in mich verliebte, stünde das ihrer Zukunft im Weg. Ist das ein außergewöhnliches Leben?»

«Wie meinst du das?»

«Wie meine ich das.»

*

Sie fahren in die Verdugos, hoch und runter durch dicken Smog. Diese Hügel müssen brennen, ehe ihre Saat aufgehen kann. Sie müssen einfach brennen. Sie werden abhängig von Brandstiftern.

L. A. ist grau. L. A. ist blau. L. A. ist grün. L.A. ist gelb.

Sie können das Hollywood-Schild sehen. Dort wird gerade ein Film gedreht. Redfield und Juliet halten an und sehen zu. Bild für Bild, Szene für Szene wird alles *schöner, größer, weiter*.

«Das wird gar kein Film», sagt Juliet. «Ich glaub, die machen ein Musik-Video.»

Kameras schwenken und verharren, hüpfen unmerklich auf Stahlhälsen, wie Dinosaurierköpfe, massiv und beweglich. Kabel. Silberne Spiegel, Schirme, Trailer, Stangen aus Stahl und Aluminium, alles auf ein paar Quadratmeter Erde konzentriert, wo im Moment niemand zu sehen ist. Dieses Bild bietet sich den beiden.

Redfield ist klar, hier konnte sein Vater nicht bleiben, denn hier war kein Platz für ihn. Überhaupt lebt eigentlich niemand hier in den Bergen. Niemand kommt hierher außer Wissenschaftlern, Killern und Leuten, die Filme drehen. Sein Vater ging gern jagen und angeln, es mußte ihm weh getan haben, nicht zu wissen, wo das Rotwild und die Forellen und die Rebhühner waren. Er wollte sie nicht noch einmal alle suchen müssen. Dazu reichte seine Geduld nicht.

Sie fahren zum Griffith-Observatorium und sehen sich die Tesla-Spule an. Die Luft wird schwer von der Spannung des Hochfrequenzdrehstroms. Das war damals aufregend und ist es noch immer für viele, die sich damit auskennen. Redfield langweilt sich, will weg von der Elektrizität, weit weg.

Juliet ist draußen geblieben. Sie ist übers Geländer gestiegen und pflückt ein paar Äste vom Chaparral-Ginster, dessen lavendelfarbene Blüten ein bißchen Farbe in die trockenen Hügel bringen.

«Gehen wir», sagt er.

Sie füllt die Taschen mit den Blüten und klettert zurück übers Geländer.

«Gut», sagt sie.

Den Boulevard rauf und runter, allein im Verkehr, im dichten Verkehr, die großen dünnen Eukalyptusbäume sind aus Australien. Sie sind ganz weiß in der Sonne, als hätten sie Knochen unter der Haut. Er erkennt Beine darin, Schenkel und Kniekehlen. Er will sie bekleiden, will sie berühren. Er macht Juliet darauf aufmerksam, und sie sagt, sie sind sehr schön, sie gehören nicht hierher.

Am Abend ist er seiner Suche müde, gesteht, daß er ohnehin nicht wußte, wonach er suchte. Was immer es war, es ist überteert, ist Teil des riesigen Einkaufszentrums direkt an der Interstate, des bunten Treibens und Durcheinanders von L. A. Es ist jetzt einfach nicht mehr wichtig, und außerdem hat er eine Grundregel der Reise verletzt: Städte zu meiden. Er ist erleichtert und enttäuscht zugleich. An einer Ampel sagt er Juliet, er will jemanden in Carson City besuchen.

Auf dem Weg aus Downtown von L. A. hört er jeden Straßennamen in einem Lied, sieht jeden Ort in einem Kinofilm, lauscht im Geiste dem Talkmaster Johnny Carson und den jungen, klugscheißerischen Entertainern, die in seiner Show immer das gleiche sagen: *Also ich bin das erste Mal hier in L. A., ich komme aus Brooklyn. Sind Ihnen auch diese vielen Autos hier aufgefallen? Und Burbank ist ja soooo toll... alles ganz, ganz super.* Er fängt an, die Nerven zu verlieren, fürchtet, daß ihm der Halt, den Asphalt ihm gegeben hat, langsam wegrutscht. Er überholt Autos, überfährt eine rote Ampel, schneidet einen kleinen Pickup und wechselt auf die linke Spur. Seine Augen überfliegen alle Schilder auf der Suche nach dem Wort Norden. Seine Eingeweide fangen an, ihm in den Hals hochzusteigen.

«Freiheit für Rodney King», schreit er, «Freiheit für Rodney King.»

*

Als es dunkel wird, sind sie auf dem Weg nach Norden, kommen auf den Pacific Coast Highway, gerade als die Nacht beginnt. Redfield ist in Hochstimmung. Kalifornien im Dunkeln wollte er schon immer mal sehen. Sein Scheinwerfer fängt die Nachttiere ein, Wildschweine und Pferde, Katzen und Füchse, Waschbären und Beutelratten. Niemand sonst ist auf der Straße, er hat beide Spuren für sich, und der Mond scheint hell.

Sie kommen an die Steilküste und tauchen in den Bergnebel ein, Neben so dick wie Dampf aus einem Boiler. Er hängt sich an ihre Lederkleidung und treibt im Wind. Redfield bekommt das meiste ab und ist glücklich.

Dort draußen, links von ihm, liegt der Pazifik, der kalte Kalifornische Strom. Wale: Buckelwale, Blauwale, Zwergwale, die sich von Krill und Fischschwärmen ernähren, Fontänen in die Luft blasen und singen.

Eine Hummel klunkt ihm an den Kopf. Er eilt nach Norden. Er fliegt. Er ist ein rasender Nachtschatten.

Dort draußen in der Luft: Thawyermöwen, Silbermöwen, Zwergseeschwalben und irgendwo vielleicht ein herrlicher Fregattvogel. Steinwälzer. Austernfischer...

Dort draußen im Wasser: Schwämme und Polypen, Quallen, Plattwürmer, Mollusken, Anthropoden, Echinodermen, Seesterne, Sterne des Meeres: Brachiopoden. Chordatiere...

Dort draußen: Schleimaale, Neunaugen, Rochen und Lippfische, Teufelsrochen, Sardellen, Pazifiklachse, Ährenfische, Barrakudas und Thunfische...

Dort draußen: Japan und China und Afghanistan und Iran und Irak und Syrien und Ägypten und Algerien und Marokko und der Atlantik und Norfolk, Virginia. Dort draußen wird wieder hier, aber dort draußen ist nicht Amerika. Es ist der Traum Balboas, wegen Verrat verurteilt, geköpft.

Dort draußen: zweihundert weitere Meilen des langen amerikanischen Arms.

Die Straße ist eine Schlange, die sich ins Hochgebirge windet. Er weiß nicht, ob sich das Land aufgebäumt hat oder ob es weggebrochen ist. Jedenfalls ist der Prozeß noch immer im Gang.

ROCK SLIDES steht auf dem Schild. Steinschlag. Ist das eine Warnung oder einfach nur ein physikalisches Gesetz? Vielleicht beides. Vielleicht keins von beiden.

Klar, denkt er. Steine schlagen tatsächlich. Das gibt ein fieses, lautes Geräusch, wie ein Schrei. Manche Steine rollen, andere purzeln eher. Rock slides. Rock 'n' Roll. Rolling Stones. Juliet tastet nach seinen Rippen. Er war es, der geschrien hat. Nicht die Steine.

Er ist begeistert davon, wie dunkel es nachts wird. Er kommt sich vor, als fahre er vierhundert Meilen die Stunde. Seine Arme zittern, sie zügeln Pitbull-Terrier, die Stachelhalsbänder tragen und schwere Baumstämme ziehen. Seine Arme sind aus Chrom und mit dem hochgezogenen Lenker verschmolzen. Er spürt, wie sich Juliets Hand in seinem Gürtel verhakt. Ihr Freund aus Connecticut, der Vater ihres Kindes, war schon New Age, als es New Age noch gar nicht gab.

«Arschloch», brüllt Redfield in den Wind. Er kann froh sein, daß zwischen uns beiden ein ganzer Kontinent liegt, dieser Schweinehund, der Schlappschwanz. In solchen Augenblicken begreift er, wie man sich bei einer Entdeckung fühlt: Feuer, Gold, die Schwerkraft, Elektrizität, der rote Knopf, ein kleiner Junge und sein Babyphon. Er überlegt, in wie vielen Nächten er aus der Kneipe heimgekommen ist. Nicht oft genug. Welche Gehirnwindung ist es, die das Geistige höher wertet als das Körperliche?

Das ist mein Leben, und ich bin zu seinem Fahrer bestimmt.

*

Zehn Stunden fliegen vorbei, und bei Tagesanbruch dösen sie irgendwo bei Hollister in einem Knoblauchfeld, am Fuß der Diablos Range.

Sie wacht auf, und wieder sitzt er neben ihr. Wie viele Tage sind vergangen? Vergangen seit wann? Sie kann sich nicht daran erinnern, daß sie sich hingelegt hat, aber sie liegt da in ihren neuen Ledersachen und hat eine Decke über sich. Sie liegen an einem schattigen Plätzchen neben einem Fluß, und über allem hängt ein stechender Knoblauchgeruch.

Sie spürt, wie der Schweiß an ihr hinabrinnt, ihren Körper benetzt. Sie lächelt, denn sie hat all das in sich aufgesogen, den Knoblauch, die warme Lederkleidung, ihren milchigen Körper und die zirpenden Heuschrecken, bis die Erinnerung an ihr Kind hervorbrach, vor knapp einer Sekunde.

Er hat die Feldflasche herausgeholt, macht ein Halstuch naß und wäscht ihr das Gesicht ab. Er singt ein altes Kinderlied: *Oh little baby don't say a word, Mama's gonna buy you a mockingbird…*

«Wo sind wir?»

«Irgendwo bei Hollister. Irgendwo über dem Regenbogen. Hier hat alles angefangen.»

«Wovon redest du?»

«Das fragst du oft.»

«Wovon du redest, will ich wissen.»

«Hier haben die Drunken Booze Fighters einen Aufstand gemacht, '47. Daher stammt auch die Idee für den Film *Der Wilde* mit Marlon Brando. Steht alles in dem Buch *Hell's Angels* von Hunter S. Thompson. Waschechter Amerikaner, und wenn du wissen willst, wie's ausgeht, mußt du das Buch lesen.»

«Aha.»

Sie fährt sich über die Lederkleidung. Sie findet sie schön. Sie fühlt sich geschmeidig und flott, spürt ihren Körper darin, die Haut über den Knochen. Sie wackelt mit den Zehen. Er muß ihr die Schuhe ausgezogen haben. Ostrich Lady hat sie ihr gekauft, bestand darauf, sie ihr zu schenken.

Ostrich Lady sagte: Immer wenn du sie trägst, wirst du an mich denken.

Juliet fragte: Wer seid ihr, und warum seid ihr so nett?

Ostrich Lady sagte: Sei doch nicht dumm. Wir sind einfach nur nette Leute, und wir sind wahrscheinlich deshalb so, weil wir es uns das ganze Leben lang nicht leisten konnten, anders zu sein.

«Sind wir noch in Kalifornien?»

Das letzte, woran sie sich erinnert, ist, in der Nacht in Kalifornien zu sein, in einem feindseligen Land. Sie hatte Angst, Fels oder Meer würden sie lebendig verschlingen, deshalb legte sie die Arme um ihn, verhakte die Hände in seinem Gürtel und fiel in eine Art Schlaf.

«Nicht mehr lange.»

«Müssen wir so schnell fahren? Wir sehen doch gar nichts.»

«Ich sehe, was ich sehen will.»

«Aber du kannst doch gar nichts sehen.»

«Ich sehe es so, wie ich es sehen will. Wie im Pony-Express, im Goldrausch, im Überschallflugzeug. Immer auf der Suche nach Neuem. Weißt du, ich hab genausoviel Verantwortung, selbst gesehen zu werden.»

«Ich glaub, ich weiß, was du meinst.»

«Was meine ich?»

«So ein Einstein-Ding. So was wie einen Standpunkt, wie die Erschließung des Westens, so wie man bei Lichtgeschwindigkeit nicht altert, verdammt noch mal, woher soll ich das wissen? Mein Gott, ich rede schon genau wie du!»

«Trink was», sagt er und reicht ihr die Feldflasche.

Sie setzt sich auf, und das Wasser rinnt ihr am Kinn hinab. Sie nimmt noch einen Schluck, gurgelt und spuckt aus. Sie will ihre Zahnbürste haben.

«Zähneputzen kann süchtig machen, weißt du.»

«Du spinnst.»

«Ich hab mir was überlegt. Wir fahren zurück nach Hollywood und verkaufen deine Story. Wir sagen, es geht um ein Kind der Liebe, das fortgegeben wird, aber wegen der Filmmusik, der Chance zu beruflicher Fortbildung und der moralischen Aussage sind alle mit dem Stoff zufrieden. Das wird so ein Emanzipationsding, ein Geschenk des Schicksals.»

«Das ist grausam.»

«Hey, ich kenn mich da aus. Hab sieben Monate studiert, BWL, Englisch, Kunstgeschichte, Religion, Naturwissenschaften, Außenpolitik, Soziologie, Psychologie und Sport. Ich hab fünfzig Bücher gleichzeitig gelesen und nebenher auch noch die Freizeitlektüre geschafft. Hab 'ne Menge über Sprache gelernt. Ich gehöre nicht zu den Video-Kids, die nichts zu sagen haben.»

«Ja, ja. Das große Gelaber.»

Redfield steht auf, fuchtelt mit den Armen, als wolle er losfliegen. Er hebt einen Felsbrocken hoch und wirft ihn fort. Er reißt einen Zweig vom Baum und zerbricht ihn über dem Felsbrocken. Dann zuckt er zusammen, faßt sich an die Rippen und sinkt, mit Schweißtropfen auf der Stirn, neben ihr auf die Knie.

«Wann werdet ihr Jungs nur endlich erwachsen?»

«Ich bin der lebende Beweis dafür, daß man mit Halbwissen weit kommt – meilenweit, bis zu seiner Camel.»

«Du bist der Beweis dafür, daß Halbwissen gefährlich ist wie –»

«Wie was?»

Sie durchforstet ihr Hirn nach einem Beispiel für gefährliches Halbwissen. Sie will geistreich und gewandt sein, einfach schlagfertig, ist es aber nicht.

«Vielleicht wie ich.»

Redfield legt sich wieder auf die Decke. Sein Atem wird regelmäßiger. Er dachte, langsam gehe es ihm wieder besser, aber viel besser ist es wohl doch noch nicht.

«Dann verkaufen wir eben meine Story», meint er.

«Was ist denn deine Story?»

Er überlegt. Er beschwört Worte herauf, aber keines davon ist seine Story. Sie beschreiben seine Story nur.

Er sagt: «Nur ein Typ auf Achse. Mehr nicht. Nichts als ein Typ auf Achse.»

Juliet sieht ihren Cousin an. Seine Augen sind rot und verschwollen. Jede Bewegung von ihm wirkt müde, schmerzhaft. Er sieht aus wie ein sterbendes Tier.

Vielleicht sollten sie ihre Eltern anrufen. Sich abholen lassen. Sie könnten herkommen und sie beide retten, alles wieder heil machen, aber die Zeiten sind vorbei, und das ist noch gar nicht so lange her. Man kann jemanden so sehr lieben, daß man eher sterben würde als ihn enttäuschen oder daß man sich zumindest die Augen ausstechen würde, wenn man ihn enttäuschte.

Sie streicht ihm über die Stirn. Sie weiß nicht, ob er eingeschlafen ist. Sie denkt, Asphalt muß ihn ordentlich auf Touren gebracht haben, ehe sie losgefahren sind. Er ist ihr Cousin, und was könnte schlimmer sein als das, was sie getan hat?

«Ich hab Angst», sagt er, «daß ich erwachsen werde und so ende wie die alten Männer, die mit leerem Blick irgendwohin starren, träge und stumm. Ich werde nichts haben, worüber ich reden kann. Ich werde ein träges Hirn voll unsinniger Gedanken haben. Ich werde keine Worte haben.»

«Mach dir keine Sorgen. Du lebst doch jetzt. Hier und jetzt, mit mir zusammen.»

«Ich hab vor allem Angst. Fühl mich vergänglich. Mach mir keinen Vorwurf, wenn ich Angst vor dir habe. Immer Angst. Die ganze Zeit. Angst, daß du mich nicht magst.»

Das überrascht Juliet. Merkwürdig, wie er über sie denkt. Sie sagt nichts. Sie nimmt sein Gesicht in beide Hände, streichelt ihn überall.

«Armer Redfield», sagt sie.

«Ich hatte mal ein Ziel, aber jetzt fahr ich nur noch so rum.»

Sie denkt: Was könnte schlimmer sein als das, was ich getan habe? Was ich getan habe, ist *gut*. Ich hab mein Kind vor der Unehelichkeit gerettet. Jeder hat ein Recht darauf, richtige Eltern zu haben. Solidarität unter Frauen. *Bla bla bla.* Warum will ich dann sterben oder selbst töten? Ich bin schon gestorben und habe schon getötet. Warum sind meine Gedanken eine Rasierklinge am Puls?

Sie fährt ihm mit den Fingern über die Lippen, schiebt sie ihm in den Mund. Sie läßt ihn daran schmecken, spürt, wie er saugt. Sie hat Angst, weil sie sich so normal fühlt.

13

Redfield nimmt das Gas weg und zieht die Kupplung. Die große Zweizylinder-Maschine gleitet leise die Abhänge der Sierras hinab, und die Welt schweigt mit einemmal still, es ist, als würden sie fliegen, um unten in Nevada, in der Ebene des Great Basin zu landen.

Letzten Herbst war Redfield hoch zu seinen Eltern gefahren. Die Fahrt von Südpennsylvania in den Norden von New York dauerte nur fünf Stunden. Er kam am Abend an. Seine Mutter war im Haus in der Stadt. Sie sagte ihm, sein Vater sei draußen auf der Farm, was ihn überraschte, denn er wußte, wie ungern er sich dort aufhielt. Redfield fuhr über den Seneca River und bog in die River Road ein. Im Vorgarten stand ein großes Holzschild: ZU VERKAUFEN. Nicht mehr lange, und das Land würde mit Schnee überpudert sein. Schon jetzt war die Luft schwer von den Gerüchen der Silage und der erkalteten Kaminfeuer vom Abend zuvor. Weswegen er nach Hause gekommen war, wußte er nicht mehr. Vielleicht einfach nur, weil er nicht zurück ans College wollte. Vielleicht, um sich für etwas zu entschuldigen. Vielleicht auch nur, um seine Eltern und die Farm zu sehen. Auf das Verkaufsschild war er nicht vorbereitet.

Er ging in den Schuppen und nahm die Kettensäge. Er ließ sich Zeit damit, sie zu schärfen, den Tank zu leeren und neu aufzufüllen. Mittlerweile war sein Vater auf die Veranda herausgekommen. Er trug eine Art Turban, wahrscheinlich eine Konstruktion, die Eis halten sollte. Er stand da, die

Arme vor der Brust gekreuzt. Sie nickten sich förmlich zu, und Redfield zersägte das Schild in kleine Stücke, bis hinunter zum Boden. Sein Vater stand noch immer ganz still da. Redfield holte einen Kanister Benzin, übergoß die Holzstücke damit und zündete das Ganze an. *Wusch*, ein Feuerball schoß hoch, verschwand und ließ ruhige Flammen zurück, die das Holz verbrannten. Er winkte seinem Vater zu, der winkte zurück. Sie hätten einander sogar zugelächelt, wenn es ihnen normal vorgekommen wäre, einander zuzulächeln, denn hier ging es nicht um Zorn oder Zerstörung. Es ging um Zeichen.

Redfield stieg aufs Motorrad und fuhr die fünf Stunden in den Commonwealth von Pennsylvania zurück. Eine Weile verspürte er so etwas wie Frieden.

*

Sie haben Kalifornien durchquert und sind jetzt in den Bergen. Vor Sacramento haben sie sich zwanzig anderen Motorradfahrern angeschlossen, bis die zum Yosemite Park abbogen. Sacramento war die westliche Endstation des Pony-Express. Redfield und Juliet fuhren weiter bergan nach Osten.

Links und rechts sahen sie, wie das Gelände langsam anstieg, hinauf zum Truckee-Paß. Hier kann es schon im September heftig schneien. Die Bodenschicht ist nur sehr dünn. Die Felsen haben sich langsam gebildet, aus einer geschmolzenen Masse, die ganz allmählich abkühlte. Am Donner-Paß sind die Flußlinien klar sichtbar. Deshalb kamen die Leute 1849 hierher. Dieses Gestein sitzt tief, ist dicht und fest, und es birgt Goldadern.

Sie biegen nach Süden ab und fahren etwa zwanzig Meilen am Lake Tahoe entlang. In fast zweitausend Meter Höhe funkelt er wie ein Juwel.

«Wie ein Juwel, wie ein Juwel», sagt Redfield in den Wind.

Sie merken, daß sie in Nevada sind, als ein Polizist sie anhält, nach ihren Papieren fragt und ihnen eine Standpauke hält, weil sie die Helme nicht aufhaben.

«Vielen Dank auch», sagt Redfield. «Wahrscheinlich haben Sie unser armseliges Leben gerettet.»

«Spiel dich nicht auf, Redfield», sagt Juliet.

«Spiel dich nicht auf, Romeo», wiederholt der Polizist. «Hey, ich hab's erst gar nicht kapiert. Ihr zwei seid ja Romeo und Julia.»

«Klar, hast wahrscheinlich gedacht, wir wären tot», gibt Redfield zurück.

Jetzt lacht der Polizist. Er kann es nicht erwarten, jemandem davon zu erzählen, den Kollegen, seiner Frau.

«Also, wir sind nicht gestorben. Haben nur so getan, und seitdem verstecken wir uns in Amerika. Wir sind nicht mal Italiener. Haben nur so getan. Hey, kennst du einen Oldie bei der Highway-Polizei in Tennessee, einen Johnny Dupree?»

«Nee, kenn ich nicht.»

«Ich aber.»

«Redfield», sagt Juliet. «Sei nett zu dem Mann. Er tut nur seine Arbeit.»

Sie sind jetzt also in Nevada, im Land des Glücksspiels, einem Land, wo Kids Judas Priest hören und sich umbringen, wo der Sagebrush-Strauch als Blume durchgeht und der Telefonmast als Baum.

Gegen Abend kommen sie zu Raymond Landers, in einem Vorort von Carson City. Er hat ein Haus in einer neuen Siedlung am Stadtrand und ist grad erst heimgekommen. Er war bei einem Barbecue in June Lake, das einer von der Freiwilligen Feuerwehr veranstaltet hat. In June Lake hat er früher gewohnt. Clint Eastwood war auch da. Clint ist ein Freund der June Lake Volunteers. Bei den Dreharbeiten zu *Ein Fremder ohne Namen* mußten aus

Sicherheitsgründen ein paar Feuerwehrautos dasein, und man engagierte die June Lake Volunteers.

1982 starb Raymonds Frau, und jetzt verbringt er die meiste Zeit mit Christina, einer Krankenschwester, und ein bißchen Zeit mit seinem alten Freund Teddy.

Sie sitzen alle draußen im Hof. Teddy ist aus Burbank. Er erzählt Redfield, wie es nach dem Zweiten Weltkrieg war: das ganze Land schien in der Luft zu hängen. Männer und Frauen, die sechzig, siebzig Stunden in der Fabrik gearbeitet hatten, wurden plötzlich entlassen. Raymond sagt: Die Armee hat natürlich auch entlassen, kannst du dir ja denken. Alles schien stillzustehen. Damals war Burbank wunderschön. Obstgärten und Farmen. Es war eine Farmerstadt.

«Deine Mom hat mich angerufen», sagt Raymond. «Wenn du hier vorbeikämst, sollte ich mal sehen, wie's dir geht. Mein Gott, seit fünfzehn Jahren hab ich sie nicht mehr gesprochen. Dein Vater hat sowieso nicht geredet. Ich weiß wirklich nicht, was für ein Problem er hat. Sie hat gesagt, du seist aus der Schule weg.»

«Das ist kein Drama. Sieh's mal so: Es gibt 'ne Menge Schulen, aus denen ich noch *nicht* weg bin.»

Raymond Landers läuft im Hof herum, schüttelt den Kopf. Er geht auf Redfield zu und sieht ihn an. Wieder schüttelt er den Kopf, Gedanken fliegen durch sein Gehirn, kommen und gehen. Er zieht Redfield aus dem Stuhl hoch und legt die Arme um ihn. Er hält ihn fest, umarmt ihn steif, klopft ihm auf den Rücken.

Welch ein Wiedersehen. Raymond Landers' Augen füllen sich mit Tränen. Die Haut in seinem Gesicht ist dünn, die Adern scheinen durch. Ein Wiedersehen, das alle bewußt erleben. Ein Mann und der Sohn seines besten, längst verloren geglaubten Freundes.

Raymond Landers drückt ihn auf den Stuhl zurück und erzählt, daß er eine Zeitlang wieder im Osten war, es dort aber nicht ausgehalten hat und zurück nach Kalifornien ist. Er redet schnell, füllt die Jahre mit Inhalt. Er bekam einen Job bei der Standard Oil Company, arbeitete sich hoch und hatte später die Tankstelle Ecke Third und Vermont Street unter sich. All die Stars, die dorthin zum Tanken kamen – Sammy Davis, Jerry Lewis, Nanette Fabray, Marlon Brando. Randolph Scott war ein echter Gentleman, und Clark Gable ließ sich den Pickup auf die Hebebühne fahren und machte seinen Ölwechsel selbst. Jerry Lewis war ein Witzbold, Nanette Fabray eine Wucht, Sammy Davis hatte wirklich Talent und Brando einen 55er Thunderbird.

Redfield beobachtet Raymond Landers. Er verdreht die Augen genau wie sein Vater und hat auch sein Lachen, wie es langsam anrollt, sich dann in seinem Gesicht verliert und ihm den ganzen Körper durchschüttelt.

Redfield wendet den Blick nicht von Raymond Landers. Er versucht sich klarzumachen, daß er hier in Carson City ist, bei einem alten Freund seines Vaters. Er kommt diesem Gedanken, der Gegenwart, immer näher, erreicht ihn fast, doch dann siegt die Vorstellung vom Kommen und Gehen. Er spürt, hier kennt man ihn, hier hat er eine Menge zu lernen, zu fragen, herauszufinden. Wieder denkt er daran, sofort weiterzufahren, aber das wäre unhöflich.

Er fragt nach der Reise von 1948. Raymond sagt: Warte mal eben, geht ins Haus und holt den Rand-McNally-Straßenatlas. Sie studieren die Karte, blättern zur Ostküste und arbeiten sich dann nach Westen vor. Auf jeder Kartenseite geben die Orte Raymonds Gedächtnis einen Schubs, die Namen von Leuten auszuspucken, was sie taten, wo sie waren.

...In Tucumcari gerieten sie in einen Blizzard, so heftig, daß sie nicht mehr wußten, wo oben und unten war. Vor sich, in der Wüste, sahen sie einen schwachen Lichtschein. Ein altes Ehepaar, das sich an den Strommasten orientiert hatte. Doch dann machte die Straße einen Knick und die Stromleitung nicht. Das Auto war hin. Dem Mann war vorher, am gleichen Tag, ein Finger amputiert worden. Sie machten den beiden in ihrem Nash Platz. Tucumcari war die Heimat von Billy the Kid.

«Warum ist mein Vater dann weg?»

«Was zum Teufel konnte Jimmy da drüben schon machen? Seine Eltern waren nicht mehr jung. Du kannst dich wahrscheinlich gar nicht mehr an sie erinnern. Dein Großvater hat sein eigenes Bier gebraut und für zwei Dollar die Stunde geschuftet. Wo sollte er schon hin? In die Fässerfabrik? Die Kistenfabrik? Die Schuhfabrik? Damals haben wir nichts als gearbeitet. In Emmetts Lunchbar. Bei Sprague und Carleton. Bei der Post. Im Ellis Hotel. Das war gut, das Ellis Hotel. Bars gab's damals keine, aber man konnte in ein Hotel gehen, sich ein Zimmer nehmen und den Zimmerservice bestellen. Ich sag dir, wir haben ordentlich gefeiert, manchmal zuviel.»

Er starrt auf die Landkarten, als seien sie Fotos und der Atlas das Album. Karten: die Geschichte eines Landes. Karten von Amerika: Geschichte und Bibel.

«Weißt du was?» sagt Teddy. «Die Russen haben keine Karten. Keine gescheiten jedenfalls. Das Land ist so oft überfallen worden, und jedesmal, wenn der Feind kam, hatten sie russische Karten, deshalb haben die Russen die Karten absichtlich falsch gedruckt. Du kommst in dem Land nirgendwohin, weil du nie weißt, wo du grade bist.»

«Woher weißt du das?» fragt Raymond Landers.

«Weil ich's gelesen hab.»

Aber Raymond Landers hört nicht zu. Er sagt: «Das Jahr, als wir hier draußen waren, hat dein Vater bei Freudhoff Trucking in der Werkstatt gearbeitet, und ich hab in einer Ofenfabrik Gabelstapler gefahren. Wir schlossen uns einer Gruppe junger Leute aus der katholischen Kirche an, und die haben oft gefeiert. Ein schöner Sommer. In Ensenada haben wir immer Thunfisch gefangen. Wir sind mit einem Kerl namens Jack Pharr und ein paar seiner Kumpels von der Northrup Company losgezogen. Jack hat den Prototyp des *Stealth* entworfen. Den Tarnkappenbomber.»

Redfield zieht ein Foto aus der Tasche: sein Vater mit einem Seriolafisch. Darauf steht: *28. Mai, 1948 Angelausflug nach Ensenada, Mexiko. 54 pfd. Thunfisch.* Sein Vater hält den Fisch in die Kamera und lächelt.

«Christina», sagt Raymond, «sieh dir das an. Wer sagt hier, ich kann nicht angeln? Christina denkt, ich kann nicht angeln.»

«Warum ist er nicht hiergeblieben?» fragt Redfield. «Warum ist er wieder zurück?»

«Oh, dein Dad hatte ein Schätzchen zu Hause, das hat auf ihn gewartet. Er wollte zu ihr. Die Zwillingsschwester der Mutter von diesem Mädchen hier», sagt er und deutet auf Juliet. «Wir haben damals geturtelt, weißt du. Ich könnte dein Vater sein. Ach, du bist genauso hübsch wie deine Mutter und ihre Schwester.»

Raymond Landers wirft Juliet sein strahlendstes Lächeln zu und tätschelt ihr die Hand. Sie hat sich gerade Texte für Ansichtskarten überlegt: «Dachte, ich geb ein Lebenszeichen von mir. Bin wieder mal in einer fremden Welt gelandet... Viele Leute kennengelernt. Wie geht's dir? Ich denk an dich. Wo bist du?»

«Da unten in Mexiko haben wir mit ein paar Señoritas angebandelt. Hat uns neunzig Dollar für Penizillin gekostet, um uns wieder loszubandeln. Tagelang krank. Ich sag dir, wir waren vielleicht Vollidioten. Hatten keine Ahnung.»

Und jetzt merken alle, daß sie mitten in dieser Geometrie der Beziehungen stecken, als Schrägen, Tangentialen, Parallelen. Was bin ich für dich? Was bist du für mich? Wer ist wessen Blut? Wer ist Freund? Wer ist Freund von wessen Blut? Wer bin ich für mich?

Auf irgendeiner Terrasse in Nevada mit Blick nach Osten. Wieder mal auf einer überdachten Terrasse mit Picknicktisch, Holzstühlen, dicken Kissen und einem Barbecue. Redfield zieht das Messer aus der Tasche, um sich die Fingernägel zu säubern. Juliet spürt, wie die Milch ihr T-Shirt naß macht.

«Er hatte ein Schätzchen, darum wollte er nach Hause. Sie haben in einer kleinen Kirche am Lake Winnipesaukee in New Hampshire geheiratet. Da sind eure Mütter her.»

«Willst du einen kleinen Schuß rein?» fragt Teddy Redfield.

«O ja, 'nen kleinen Schuß.»

«Ich auch», sagt Teddy.

Raymond geht eine Flasche Kahlúa holen.

Riesige Schatten senken sich herab, Schatten wie die Flut, wie treibende Schneebänke. Lichter heften den Himmel und die Berge fest. Redfield betet um Kälte. Er will heute nacht eine Decke brauchen, um nicht zu frieren.

«Redfield», sagt Juliet, «als ich mit dem Flugzeug hierherkam, saßen da diese älteren Frauen, eine neben der anderen. Drillinge. Trugen die gleichen Nylonjacken. Ihre Dauerwellen standen ab. Es sah aus, als hätten sie riesige Köpfe. Es muß sie viel Zeit gekostet haben, wie Drillinge auszusehen. Kleider, Frisur, Make-up, ganz dick aufgelegt. Und der gleiche Gesichtsausdruck, dreifach. Ich denke, das war das leichteste. Ich mußte in Chicago umsteigen. Sie wollten dahin. Dünne, hübsche Frauen mit der gleichen Mundform. Keine Lippen, eher wie Reptilien.»

«Drei Frauen ohne Rippen», sagt Redfield.

«Sie haben mir angst gemacht, und dann dachte ich, es ist ein Zeichen. Ich werde Zwillinge oder Drillinge bekommen. Danach habe ich mit dem Kotzen angefangen.»

«Juliet, du wühlst wieder in Erinnerungen.»

«Was ist denn mit deinen Erinnerungen?» fragt Christina.

«Nichts», wehrt Juliet mit einer Handbewegung ab und lächelt. «Nur ein kleiner Scherz zwischen uns.»

«Juliet, du *hast* in Erinnerungen gewühlt.»

«Nein, hab ich nicht. Werd ich nicht. Kann ich nicht. Vergiß es.»

*

In der Nacht liegen sie getrennt in dem Wohnmobil, das Raymond Landers neben der Garage geparkt hat. Sie liegen in schmalen Einzelbetten. Es ist kalt. Sie sind mitten in der Wüste, fast fünfzehnhundert Meter hoch.

«Ich hab ihn sehr gern», sagt Redfield. «Er ist so einer, der immer einen Hundertdollarschein in seiner Brieftasche versteckt, sogar vor sich selbst.»

«Ja, sie sind wirklich nett. Wir haben überhaupt immer nur nette Leute kennengelernt, seit wir unterwegs sind.»

«Ich hab so eine Sehnsucht, diese Sehnsucht der Dreiundzwanzigjährigen. Langsam fang ich an, das Leben zu genießen. Alles scheint wieder neu anzufangen. Mir geht's besser.»

«Ich bin froh, daß du gefunden hast, wonach du suchst. Ich freu mich wirklich für dich.»

Er hört, wie sie sich im Bett umdreht, ihm den Rücken zukehrt.

«Stimmt was nicht, ich meine, abgesehen vom Üblichen?»

«Schlaf jetzt, Redfield.»

«Weißt du, ich hab mir was überlegt. Wir könnten das Motorrad verkaufen und uns so ein Wohnmobil zulegen. Acht, neun Meter lang. Strom, Generator, Mikrowelle, Bad, großer Chevy-Motor, Schlafplätze für vier oder fünf Leute. Kühlbox. Propangas. Meinst du, ein Wäschetrockner ist automatisch dabei?»

Er hört, wie sie sich ihm wieder zuwendet.

«Und wer wären diese Leute?»

«Welche Leute?»

«Die vier oder fünf Leute.»

«Weiß nicht. Leute eben.»

«Aber es gibt doch nur dich und mich, Redfield, hast du das vergessen? Wir sind die einzigen Menschen auf der Welt, und jetzt schlaf endlich. Bitte.»

Es ist nicht schwer zu erkennen, daß Juliet nicht so zufrieden ist, wie sie vorgibt. Das ist nicht schwer zu erkennen, nicht einmal für Redfield. Er muß etwas tun, um sie aufzumuntern.

«Juliet, er war damals zusammen mit meinem Vater unterwegs. 1948. Das ist über vierzig Jahre her.»

Doch sie reagiert nicht. Sie begreift, daß der Schmerz immer bei ihr bleiben wird, egal, was sie macht. Sie hatte ein Kind, und jetzt hat sie keins mehr. So einfach ist das. Sie tut, als schlafe sie, und er tut, als glaube er ihr.

Redfield denkt an sein Zuhause, an seinen Vater und seine Mutter. Er erinnert sich an den letzten Abend, ehe er fortging ans College. Am Nachmittag hatte er sein Vieh verkauft und sich von den Nachbarn verabschiedet. Seine Mutter hatte Rindfleisch gekocht, und es war ein ruhiges Abendessen.

Um Mitternacht war er in der Küche und hörte seinen Vater aufstehen. Er hatte wieder einmal Kopfschmerzen. Er kam in die Küche und hielt sich den Schädel. Jahre zuvor hatte er gedacht, es seien Migräneanfälle, aber die sind anders. Er öffnete die Tür der Anrichte und suchte nach Whiskey, fand aber keinen. Aus der Speisekammer holte er ein warmes Bier. Er hielt sich den Kopf und trank und erzählte Redfield von einem Mann, der sich betrinkt und seine Uhr verliert, und damit er sie wiederfindet, muß er sich noch mal betrinken.

Diese Kopfschmerzen kamen meist nachts, fünfmal pro Nacht, etwa zwei, drei Wochen lang. Seine Augenlider waren angeschwollen und hingen herab. Es war ein konstanter, langweiliger, brennender Schmerz. Zweimal hatte er die Schlafzimmertür aus den Angeln gerissen.

«Man nennt sie Selbstmord-Kopfschmerzen, denn so lösen manche das Problem», sagte er.

Redfield antwortete nicht. Er stand da, gegen die Spüle gelehnt, und sah ihm zu. Er konnte richtig sehen, wie sich im Kopf seines Vaters ein neuer Schmerzanfall ankündigte. Beim Abendessen hatten sie wieder gestritten, ob sie die Farm verkaufen sollten, und Redfield fühlte sich jetzt ein wenig schuldig an den Schmerzen seines Vaters.

Aus dem Wohnzimmer drangen ein blauer Schimmer und der Ton des Fernsehers. Redfields Mutter sah sich ein Video von den Boston Pops an. Sie ist davon überzeugt, daß seine Kopfschmerzen vom Streß kommen und davon, daß er in einem Hamburger-Restaurant schlafen mußte, als er bei der Kette in die Lehre ging, um seine Konzession zu bekommen. Künstler hatte er werden wollen, endete aber dann in einer Fast-food-Filiale in Auburn, New York, und später in einer anderen. Er war gewissenhaft, beharrlich, voller Energie und Tatendrang. Er hatte Talent dafür, Dinge zu tun, die er haßte.

Er heuerte Jugendliche an, aber dann wollten die Jugendlichen nicht mehr arbeiten, und so heuerte er alte Leute an, die ältesten, die er fand. Er mochte die Alten. Die brauchten das Geld zum Leben, und nicht, um sich Musik oder Jeans oder Hundert-Dollar-Turnschuhe dafür zu kaufen. Denen konnte man nicht einreden, daß das, was sie taten, wichtig sei. Sie wußten, es war nur ein Job, keine Lebensaufgabe. Sie wußten genug, um sich anständig zu benehmen.

Sein Vater stand auf und ging zur Küchentür, dorthin, wo neben dem Rahmen ein Stück freie, warme Wand war. Redfield wußte, was jetzt kam. Er hätte ihn davon abhalten können, tat es aber nicht. Sein Vater fing an, mit dem Kopf gegen die Wand zu schlagen. So lange, bis die Wand blutrot wurde, dann hatte er sich selbst k. o. geschlagen und sank zu Boden.

Er war nur einen Augenblick lang weg, bevor ihn die kühlen Hände seiner Frau und ein Eisbeutel, den Redfield ihm auf die Stirn legte, wiederbelebten.

«Sind die Kopfschmerzen jetzt weg?» flüsterte sie.

«Ja. Irgendwie vermisse ich sie.»

«Nimm doch ein paar Tage frei und fahr raus auf die Farm. Noch gehört sie uns.»

Sie saß neben seinem Kopf auf dem Boden. Er starrte zur Decke hoch.

«Die Farm», sagte er.

«Du vermißt Raymond jetzt schon, oder? Dabei ist er noch gar nicht weg.»

«Raymond?»

Redfield ging zur Kühltruhe, um mehr Eis zu holen. In solchen Augenblicken merkte er, daß da mehr war zwischen seinen Eltern als nur er. So wie er in ihr Leben gekommen war, würde er bald weitergehen und sein eigenes führen, und in dieser Nacht erhielt er eine klare, eindeutige Lektion. Er war ihr Sohn, ein Besucher, stets willkommen.

Sie streichelte sein rötliches Gesicht. Auf seiner Stirn hatten sich tiefe Furchen eingegraben, ebenso zwischen Nase und Mund.

«Ich hab in der Zeitung gelesen, daß der nette Dr. Overholt gestorben ist», meinte sie. «Er hat Raymond an der Brust operiert, als er noch klein war. Wußtest du, daß er einer der ersten war, die einen Zusammenhang zwischen Rauchen und Lungenkrebs festgestellt haben? Ich hab das nicht gewußt. Du?»

«Nein.»

«Fahr doch ein paar Tage auf die Farm. Du bist doch so gern für dich allein.»

Er sagte nichts. Er dachte wohl an die Blitze, die in seinem

Kopf zuckten, versuchte sich an sie zu erinnern, schaffte es aber nicht. Er wußte, wenn sie wiederkamen, würde er sie erkennen.

Er hatte die Farm als Investition gekauft. Das Land fiel zum Seneca hin ab, und am Fluß gab es eine Bootanlegestelle. Weiter oben, auf der anderen Straßenseite, standen ein Haus und eine Scheune, und viel Land, nach Süden hin offen. Dort pflanzten er und Redfield Weihnachtsbäume, Waldkiefern und Balsamtannen. Er lebte immer auf, wenn er zur Farm hinausfuhr. Er zog gern Gummistiefel an und marschierte mitten durch den Kuhmist. Er hatte viel vor. Er besorgte sich einen Heckenschneider und drosch auf den Flieder ein, bis er gestochen wurde, und dann nahm er einen Badmintonschläger und schlug damit nach den Hornissen. Nachmittags saß er ohne Unterhose in seinen Bermudashorts da und hörte Paul Harvey im Radio zu, schrie ihn an, fluchte über ihn.

Er bewunderte seinen Sohn dafür, daß er hier einzog, daß er zupackte wie ein Mann.

Doch durch sein Land verlief eine Hochspannungsleitung, und die Weihnachtsbäume wuchsen um die Masten. Er hatte ein Summen im Ohr, das jedes Jahr lauter wurde. Er fuhr nicht mehr zur Farm und sah seinen Sohn nicht mehr so oft, denn der kam nie zu ihnen in die Stadt.

Es war nicht nur ein Summen. Er hörte Stimmen, wie im Radio. Dann fingen die Kopfschmerzen an, und er begann davon zu reden, daß er verkaufen wolle.

Sie sang ihm etwas vor. Sie strich ihm über den Kopf und sang ihm ein Lied über die Zeit.

«Sieh mal.» Er zog eine Zeitungsnotiz aus der Brusttasche.

Sie nahm den Zettel und las, daß in Gayford, Minnesota, ein Gericht einigen Farmern eine Million Dollar zugesprochen hatte, weil die Milchproduktion aufgrund von Streustrom gesunken war. Die Northern States Power Company hatte es versäumt, die Farmer vor Leckströmen zu warnen, die über die Erdungskabel der Stromversorgung in den Boden gelangten.

Sie faltete die Meldung zusammen und reichte sie ihm, schüttelte den Kopf und machte *tsk*.

«Du verstehst das einfach nicht», sagte er.

«Was?»

«Diese elektromagnetische Strahlung. Sie verursacht Schlaflosigkeit, Stimmungsschwankungen, Müdigkeit, Krebs, Fehlgeburten, Geburtsschäden, Hirntumor, Kopfschmerzen. Sie ist überall um uns rum: Fernseher, Lampen, Digitalwecker, Mikrowellen, Heizdecke. Versprich mir, daß wir das ganze Zeug morgen wegwerfen. Versprich mir, daß du nie wieder unter einer Heizdecke schläfst.»

«Natürlich, ich versprech's dir, mein Schatz», sagte sie und streichelte seinen Kopf etwas schneller, etwas hastiger.

«Es gibt soviel Häßliches auf der Welt. Ich sollte nicht hier sein. Wir sollten alle nicht hier sein.»

Redfield wollte sagen: Aber wir sind hier. Ich bin hier. Warum begreifen wir das nicht? Doch er sagte nichts. Er stand da, hielt die ganze Zeit das Eis in der Hand, und lange schon hatte die Kälte angefangen zu brennen.

«Wir verkaufen die Farm und basta. Wir finden schon wieder eine.»

«Wie kann ich sie verkaufen, wo ich weiß, was sie jemand anderem antun kann? Wie kann ich das jemandem antun?» entgegnete er.

«Das kannst du nicht, mein Schatz.»

*

«Juliet», flüstert er.

«Was ist?»

«Nichts. Nur so.»

14

Am Morgen nimmt Raymond Landers Redfield mit auf eine Tour, und Teddy kommt auch mit. Juliet hat endlich Schlaf gefunden und möchte ihn so lange behalten, wie er bleiben will. Sie sagt ihm, er soll ruhig los, sie wird dösen, solange sie kann. Sie sagt ihm: Bring Ansichtskarten mit. Sie sagt es wie: Vergiß nicht, Milch mitzubringen, oder: Wir brauchen noch Brot. Er sagt ihr, klar, er bringt welche mit.

Raymond will ihm Silver City zeigen, Virginia City, all die Orte aus *Bonanza*.

«Der Osten fehlt mir ein bißchen», sagt er. «Früher sind wir immer Katzenwelse angeln gegangen. Haben dem Farmer fünfundzwanzig Cent bezahlt für sein Boot. Wir haben uns ein bißchen mit Bier vollaufen lassen und uns dann an den Borsten von den Viechern gestochen. Ich sag dir, das hat Spaß gemacht. Dein Dad, der war clever. Eine wahre Kanone. Hatte ein Händchen für so was.»

«Warum hat er auf eines der Fotos *Boulder Damm* geschrieben, wo er doch wissen mußte, daß der Name 1948 geändert wurde?»

«Weiß nicht. Woher soll ich so was wissen?»

«Da. Da drüben ist der Puff», sagt Teddy.

Sie fahren an ein paar niedrigen Gebäuden vorbei, die von einem hohen Maschendrahtzaun umgeben sind. Die Autositze sind aus weichem Leder. Redfield wird seinen Schmerz im Brustkorb nicht los. Immer wieder versinkt er darin.

«Die haben da wirklich hübsche Frauen. Junge Frauen,

clevere Frauen. Hab mal eine von ihnen getroffen. Die brauchte das Geld, um ihre Farm in Montana zu bezahlen.»

«Hab auch 'n paar kennengelernt», sagt Teddy. «Nette Mädchen. Echt Klasse. Auch liebe Mädchen. Saubere. Wie hast du eigentlich den Damm gefunden?»

«Ziemlich beeindruckend.»

«Scheiß-Damm», sagt Teddy. «Scheiß-Imperial-Valley. Gott hat nicht gewollt, daß der Mensch Tomaten in der Wüste pflanzt. Für den Damm werden wir noch bezahlen, und zwar tausendfach.»

Raymond besteht darauf, daß Redfield für die Fahrt durch die Wüste noch eine Feldflasche kauft. Läßt sich nicht davon abbringen. Er hält vor einem Sportgeschäft an und kauft das Ding selbst.

Sie fahren den ganzen Tag rum, essen fettige Hamburger und trinken krügeweise Bier. Redfield verliert zwanzig Dollar an die einarmigen Banditen, und Teddy und Raymond lachen ihn aus, sagen ihm, er soll sich keine Sorgen machen, jetzt ist er geheilt und wird es nie wieder tun. Sie danken ihm für seinen Beitrag an das Finanzministerium von Nevada, und jeder steckt ihm heimlich einen Zwanzigdollarschein zu und macht dabei sehr deutlich, daß der andere es nicht mitkriegen soll.

Als sie zurückkommen, spritzt Christina sie mit dem Schlauch ab, und Juliet verteilt Handtücher. Sie hat einen schönen Tag verbracht. Hat geschlafen und viel Rührei mit Toast gegessen und danach Suppe und Cracker. Sie entschuldigt sich in einem fort, daß sie so lange geschlafen und so viel gegessen hat.

Christina hat schnell gemerkt, daß mit Juliet etwas nicht stimmt, aber keine Fragen gestellt. Statt dessen kochte und redete sie, erzählte ihr, daß sie in Colorado aufgewachsen war, ein Pferd hatte und damit zur Schule ritt. Sie wurde Krankenschwester und hat nie geheiratet.

Juliet hat ihr erzählt, daß sie auch ein Pferd hatte. Als sie droben im Nordosten zur Uni ging, brachte sie ihr Pferd auf Redfields Farm unter. Er lebte dort ganz allein, und sie fuhr immer hin, zum Reiten und zu Besuch. Sie spürte immer den Schmerz in seinem Leben, den er selbst anscheinend nicht fühlen konnte. Dann machte sie Examen und verkaufte das Pferd. Die beiden Frauen redeten darüber, wie sehr sie ihre Pferde vermißten, und so kamen sie einander näher.

An diesem Abend essen sie spät, grillen sich Steaks.

Raymond Landers sagt, er kann sich nicht daran erinnern, wann er Redfields Vater das letzte Mal gesehen hat. Er kann sich auch nicht daran erinnern, wann er Redfield das letzte Mal gesehen hat. Das macht ihn traurig.

«Ich weiß noch, wie er ein Baby war», sagt Juliet. «Er hatte ganz viele schwarze Locken. Als ich ihn zum erstenmal sah, dachte ich, er sei ein kleiner Hund. So hat man es mir jedenfalls immer erzählt.»

Sie stupst ihn mit dem Zeh an, und alle lachen.

Sie flüstert Redfield zu: «Ich hab Christina gesagt, daß sie sehr schön ist, und weißt du, was sie geantwortet hat? Sie hat gesagt, schön zu sein ist eine Entscheidung, die wir alle treffen. Ist das nicht klug?»

Redfield nickt. «Ja», flüstert er zurück. «Das ist klug.»

Sie erinnert sich an das letzte Weihnachtsfest auf der Farm. Das war die Zeit, als alles anders wurde. Sie versucht, diese Erinnerung wegzuwischen, kann es aber nicht. Es war das Weihnachten, ehe sie mit dem Studium fertig wurde, das letzte Mal, daß sie Redfield sah. Ihre beiden Familien trafen sich auf der Farm in Conquest.

Ihre Eltern waren von Connecticut aus hinaufgefahren, in ihrem Abschlußgeschenk, einer 66er Corvette. Es war der wärmste Dezember seit Jahren, und sie und Redfield fuhren im Abendlicht übers Land, mit heruntergeklapptem Verdeck. Sie hatten eine Kiste Sekt dabei und besuchten alte Freunde in den kleinen Orten, in Victory, Red Creek, Butler, Rose, Cato, Savannah, Meridian, Montezuma, Orte mit Namen wie billiger Wein.

Sie saßen in stickigen Trailern, in kalten, zugigen Häusern, in Wohnungen über Garagen, in Ställen. Sie redeten über die Preise von Färsen und Heu, darüber, wie sie damals das Footballteam von Weedsport fertiggemacht hatten, und alle dachten, sie sei seine Freundin aus der Stadt.

Auf dem Heimweg wurde es kalt, aber sie hielten nicht an, um das Verdeck hochzuklappen. Sie fuhren nur schneller, freuten sich auf den warmen Holzofen. Als sie zu Hause ankamen, war das Essen fertig. Ihre Mütter standen in der Küche und umarmten sich, kleckerten einander Sherry auf den Rücken. Der Schmerz darüber, daß sie getrennt waren, nagte an ihnen.

An diesem Abend, nachdem alle in den Zimmern im ersten Stock verschwunden waren, zogen Redfield und Juliet Hemd und Bluse aus und rieben sich gegenseitig Rücken und Brust mit Wick ein. Juliet gab ihm ihre Weihnachtsgeschenke: ein Paar Stiefelketten aus schwarzem Leder und ein Schnappmesser; Dinge, die jeder Mann besitzen sollte. Er war traurig und wütend, weil er nicht an ein Geschenk für sie gedacht hatte. Sie lachte und meinte nur, das macht doch nichts.

Er ging zum Kleiderschrank und holte die Jacke mit den Buchstaben drauf heraus. Er gab sie ihr, und sie wußte, sie konnte nicht nein sagen. Irgendwie hatte sie ihn schon immer geliebt, seit er ein kleiner Junge war und Hufschmied werden wollte, Cowboy, Koch im Schnellimbiß, Footballspieler bei den New York Giants, immer auf Achse und ein Draufgänger.

Am Morgen mixte sie zum Frühstück jedem eine Bloody Mary, und Redfield machte Eier mit Salsa, sein Geheimrezept, Salsa Juliet. Immer wieder rempelten sie einander an, flirteten, und sie stellte sich vor, er wäre ihr Freund.

Es war ein herrlicher Morgen. In der Nacht hatte es geschneit, und jetzt stand die Sonne über den Feldern, sandte Lichtsalven durch die Fenster. Als Redfields Vater zu Ende gegessen hatte, schob er seinen Stuhl zurück und stand auf. Er klopfte mit dem Teelöffel gegen sein Wasserglas, wie bei einer Hochzeit, wenn alle darauf warten, daß der Bräutigam die Braut küßt.

Dann sagte er Redfield, er werde ihn ans College schicken, sagte Redfield, er werde die Farm verkaufen.

Er sagte: «Ich werde die Farm verkaufen», und seine Stimme war kaum mehr als ein Flüstern, «dann kannst du ans College gehen, und ich bitte dich, vertrau mir, Raymond, bitte.»

Sie wußte, es war der Ton des *Raymond, bitte*, der Redfield nach Pennsylvania ans College schickte.

Sie wollte dann im Frühling Examen machen und ließ sich mit einem Typ ein, den sie jetzt hassen möchte, so sehr, wie sie noch nie einen Menschen auf dieser Welt gehaßt hat, und sei es nur aus dem einen Grund, daß er Redfields Jacke mit den Buchstaben mitgenommen hat, als er ging, etwas, das sie Redfield niemals wird sagen können. Und das ist seine Geschichte. Das ist ihre Geschichte.

Redfield steht auf, fragt, ob er mal telefonieren darf. Er will zu Hause anrufen.

Sie will nein sagen, weiß nicht warum.

«Nein», sagt sie.

«Was?» fragt Christina.

«Nein», sagt Juliet. «Ich denke, mir reicht's.»

Redfield geht ins Haus und ruft zu Hause an.

«Hey, Ma», sagt er. «Ich bin's, Raymond. Rat mal, wo ich bin.»

«Ich weiß, wo du bist, mein Schatz. Du bist in Nevada.

Raymond hat angerufen, daß du angekommen bist. Er sagte, Juliet sei auch dabei. Wie schön. Geht es dem armen Mädchen gut?»

«Ja. Alles in Ordnung. Ist Vater da?»

«Er ist im Krankenhaus, mein Schatz. Der Streß und die Überarbeitung, aber es geht ihm schon wieder besser. Nur ein, zwei Tage. Weißt du, er ist müde. Sag bitte nichts, nicht daß Raymond sich aufregt.»

Redfield friert plötzlich. Er zieht die Schultern hoch.

«Mach dir keine Sorgen», sagt sie. «Mach, was du dir vorgenommen hast, und wir sehen uns, wenn du nach Hause kommst. Ich werde ihnen sagen, daß es Juliet gutgeht.»

Redfields Mutter legt auf. So ist sie immer am Telefon.

*

In der Nacht, als Juliet eingeschlafen ist, geht Redfield hinaus, um den Ölwechsel zu machen. Sie werden morgen losfahren, wohin, weiß er noch nicht, aber es ist immer gut, vorher den Ölwechsel zu machen.

Redfield sieht die Glut einer Zigarre. Teddy sitzt in einem Liegestuhl vor dem Garagentor.

«Guten Abend», sagt Redfield.

«Guten Abend, mein Junge.»

Redfield stellt sich neben ihn, scharrt mit den Füßen, wippt hin und her. Im Chrom spiegeln sich Mond und Sterne. Er nimmt das Licht auf und gibt es wieder zurück, alles gleichzeitig.

«Früher bin ich auch Motorrad gefahren», sagt Teddy. «Damals, in den fünfziger Jahren. Ich hatte eine Norton 500 Iron International, Baujahr 49. Super Ding.»

«Wär heute sicher 'ne Menge wert», sagt Redfield, der nicht weiß, was er sonst sagen soll.

«Allerdings. Hat mich damals fast das Leben gekostet. Das ist doch 'ne Menge, oder? Jetzt ist sie ein Rosthaufen.»

«Wie das?»

«Ich wollte rüber nach Barstow und bin mit dem Hinterrad vom Bankett gerutscht. Ich wollte wieder hoch, ging aber nicht. Ich fuhr genau auf einen Telefonmast zu. Bis heute weiß ich nicht, wie ich das geschafft habe. Hab mich ordentlich überschlagen. Ein paar Wochen später, als ich wieder laufen konnte, bin ich noch mal zurück dorthin, und weißt du, was ich da gesehen habe?»

«Was denn?»

«Mitten in den Telefonmast gerammt, der Bügel meiner Brille.»

«Mein Gott», sagt Redfield, «hast du Schwein gehabt.»

«Ich sag dir, wir hatten viel Spaß damals. Hey, hast du was dagegen, wenn ich dir den Ölwechsel mache? Du hast 'ne ordentliche Strecke hinter dir und bist sicher müde. Ich hab schon ewig keinen Schraubenschlüssel mehr in der Hand gehabt. Hab ewig nichts mehr repariert.»

«Klar, mach nur. Ich setz mich her und leiste dir Gesellschaft.»

Sie schieben das Garagentor auf und holen das Motorrad nach vorne. Das Licht im Hof und das aus der Garage sind hell genug, aber Teddy besteht auf einem weiteren Licht. Sie holen eine Plane, eine Plastikwanne und alte Lappen.

Während Teddy am Motorrad arbeitet, geht Redfield hin und her und sieht sich um. Die Werkzeuge sind der Größe nach aufgehängt. Biegewerkzeuge, Bandsäge, Tischsäge, Drehbank, alles sauber und mit Tüchern abgedeckt. Ein Generator. Eine Leiter. Redfield sieht einen Kanister mit PVC-Kleber. Er schüttelt ihn, schraubt die Kappe ab und hält die Nase an die Öffnung. Er atmet die Dämpfe tief ein, drei-, vier-, fünfmal. In seinem Kopf geht eine kleine Explosion los. Do-it-yourself-Junkie, sagt er sich und schraubt den Deckel wieder zu.

Am Morgen ist Juliet schweigsam. Es ist kalt. Die Berge im

Osten werden ganz langsam hell, ihre Abhänge sind noch schwarz und blau und zeigen nur zögernd ihr karges Gesicht.

Raymond Landers ist als einziger schon wach und verabschiedet sie. Er kickt in den frisch gerechten Sand im Vorhof, sagt ihnen, daß er Gras haßt und daß sie gern noch bleiben können. Dann wendet er sich an Redfield.

Er sagt: «Dein Vater hat mir auf dem Trip das Leben gerettet, weißt du. In Needles, Kalifornien. Wir hatten gut gezecht und wollten dann in dem kleinen Motel übernachten. Na ja, in der Nacht mußte er aufstehen und pinkeln. Ihm war kotzübel. Dann hat er gemerkt, daß es am Gasofen lag. Hatte keinen Abzug. Er kam rein und zog mich aus dem Zimmer. Uns war beiden ziemlich lange übel.»

Der Himmel wird schrammenlila, backsteinrot, lavendel, schiefergrau. Redfield gefällt die Geschichte, daß sein Vater jemandem das Leben gerettet hat. Aber was hätte er sonst tun sollen? Nicht wieder reingehen? Egal. Jeder hört gern, daß sein Vater jemandem das Leben gerettet hat.

«Also, bleibt schön auf der Hauptstraße. Laßt euch nicht mit Fremden ein. Seht zu, daß ihr nie allein seid oder steckenbleibt, und fahrt nicht nachts. Da draußen passieren viele seltsame Dinge.»

Er überprüft die Feldflasche und sagt es noch einmal. Seid vorsichtig.

Juliet will nicht weg von diesem Ort, wo sie Schlaf gefunden hat, aber wenn sie sterben müssen, dann hofft sie, daß es auf der Straße passiert.

Die Bergkette erglüht, als das Sonnenlicht darüberspringt. Jetzt ist der Himmel königlich, kobaltblau. Spür, wie die Hitze durchs Land geht, die Sagebrush-Sträucher umfaßt, ihre weichen Haare mit silbrigem Glanz überzieht und über Gras und Weggabelungen wandert, über Meldesträucher, Gänsefußgewächse, Margeriten, Säckelblumen.

Dann sind sie unterwegs, am Beginn ihrer Fünfhundertmeilentour durch die Wüste, fahren aus der Humboldt-Senke und folgen dem bitteren, kurvigen Fluß. Sagebrush-Sträucher, Roggentrespe, Pinyon-Kiefern, die Stille, die ein vorbeifahrender Fünfachser hinterläßt. Sie fahren durch die Große Leere, halten den Atem an für das, was nicht da ist.

Hier draußen gibt es nur dich und die Natur, dich und Land, Wasser und Atmosphäre. Hier draußen ist alles unmittelbar, und du bist immer allein, denn die Natur schert sich einen Dreck um dich. Du denkst, wenn sie Wünsche hätte, würde sie sich wünschen, in Ruhe gelassen zu werden, sie würde sich wünschen, gar nichts zu wünschen. Deshalb bittest du um Entschuldigung und fährst durch, schnell, still und sachte.

«Tut mir leid», sagt Redfield.

Tut mir so leid, denkt Juliet.

Schon jetzt spürt er, wie ihn Müdigkeit befällt. Minute um Minute zieht sie ihn weiter nach unten. Es ist, wie wenn man ins Wasser geht. Langsam an den seichten Stellen und reißend in der Strömung. Es lenkt ihn von Kleinigkeiten ab. Zum Beispiel daran zu denken, die Kupplung zu ziehen oder rechtzeitig zu beschleunigen, oder daß er tanken muß. Schloßkombinationen. Wenn er einmal unter Wasser ist, bildet sich sofort eine Eisschicht darüber. Er kann noch atmen, aber ganz hinten im Kopf sitzt der Gedanke, eigentlich dürfte er es gar nicht mehr können, und wahrscheinlich kann er es bald auch nicht mehr.

Er muß sich da mit einem Schock rausholen. Der Gedanke an eine Frau im Minirock und an eine Flasche Johnnie Walker. Das hilft. Rüttelt ihn wach. Der Gedanke an etwas Hartes, Schnelles für eine Nacht. Der Anblick der Schenkel einer Frau, wenn sie die Beine übereinanderlegt. Sein Vater im Krankenhaus. Sein Zuhause. Juliet.

Als wir klein waren, erinnert er sich, fuhren wir hoch zum

Schroon Lake, wo die Familien ein Wochenendhaus hatten. Er und Juliet und die Zwillingsmütter und die Väter. Sie ließen uns machen, denn sie wußten, wir konnten beide schwimmen. Einmal hab ich mir ordentlich auf den Daumen gehauen. Der Nagel wurde riesig dick und schwarz. Da nahm ich einen 3/8-Zoll-Bohrer, setzte einen Poliernagel ein und bohrte durch. Es wurde heiß und fing an zu qualmen. Als ich den Bohrer wegzog, spritzte eine Blutfontäne hoch und versiegte. Danach sagte sie, mein Daumen sehe aus wie ein Bild von Jesus. Klar, eine Daumennagel-Skizze, sagte ich, konnte aber nichts erkennen.

Und noch was. Wir schmolzen Buntstifte auf der Haut, da wo die feinen weißen Härchen wachsen. Wir haben uns die ganzen Arme bunt gemacht und es dann abgeschält. Das hat ihr immer weh getan. Ihr standen die Tränen in den Augen, aber sie wollte nicht, daß ich aufhörte. O ja, wir hatten viel Spaß.

In Winnemucca halten sie zum Tanken, und Redfield kauft eine Karte. In Nevada sind Straßen kein Problem. Sie verlaufen alle in Ost-West-Richtung, rein und wieder raus, und nach Norden und Süden zu wird das Land von 128 Bergketten durchfurcht.

In dieser Karte ist Reklame für Motels, Campingplätze, Kasinos und vermißte Kinder. Die Gesichter der Kinder stehen zwischen den Werbefotos von Felton's Motor Inn, Bally's of Reno und einem Typ namens Adolf V. Stankus jr., der gebrauchte Militärfahrzeuge kauft. Er sucht Panzer und Jeeps. Er kauft Kanonen in jedem Zustand.

Redfield und Juliet sind müde. Sie wollen sich hinlegen und schlafen. Sie schieben das Motorrad in den Schatten. Juliet gehen die vermißten Kinder nicht aus dem Sinn. Jedesmal wenn sie die Kinder sieht, sieht sie ihr eigenes Baby. Wenn Redfield die Fotos sieht, sieht er sich selbst.

So ist das. Gnadenlos, immer wieder. Sie wollen, daß die

Karte nur eine Karte ist, schaffen es aber nicht. Man kann nicht auf eine Karte sehen, um Dimensionen zu erkennen oder Pläne zu machen. Die Welt liegt nur einfach vor dir, eine lange Straße, an deine Reifen genäht. Redfield denkt, sein Vater ist der einzige Mensch, den er kennt, der wirklich gern allein ist. Redfield holt sich einen Kaffee, geht auf die Toilette und schüttet etwas Crank hinein, nur ein bißchen. Etwas das sein Hirn aufrüttelt, ihm einen Stoß versetzt.

Hinter Battle Mountain, im Gebiet der Shoshone-Indianer, sehen sie einen umgekippten Möbellaster, einen Abschleppwagen und zwei Autos.

Es ist eine große Familie, und sie schleppen ihr Hab und Gut hinaus in die Wüste, samt Tischen, Stühlen, Schränken, Betten. Alles ist okay. Sie warten auf einen anderen Laster. Sie wollen nach Kalifornien. Redfield läßt ihnen eine Feldflasche da, dann fahren er und Juliet weiter, durch die Große Salzwüste, über den trockenen Meeresgrund mit seinen von den Wellen geformten Sandbänken, Stränden und Landzungen.

Es hat 47 Grad, die Luft stinkt nach Salzwasser, es wird bald Nacht, und Redfield läuft langsam Blut aus der Nase in den Mund.

15

Im Wind riechen sie den Salzsee. Redfield meint, vor einiger Zeit in die Hose gepinkelt zu haben, ist sich aber nicht sicher. Sie ist jedenfalls wieder trocken, wenn auch voller schwarzer Flecken. Er ist wieder unterwegs, schon den ganzen Tag, und Juliet hält ihn umschlungen. Das meiste, was man zurückgelassen hat, liegt hinter einem. Und unterwegs braucht man es nicht, solange es einem nicht fehlt.

Redfields Vater und Raymond Landers waren auf dem Rückweg nach Osten auch hier durchgekommen. Sie erreichten Salt Lake City um ein Uhr nachts, kamen in einem Laster angerumpelt, der hoch nach Montana wollte. Zwei Polizisten versuchten sie auszunehmen, aber sie gaben nicht nach. Sie bestanden darauf, mit aufs Revier zu kommen, einem Richter vorgeführt zu werden, im Knast zu landen, alles wollten sie, nur keinen Bullen schmieren. Die Polizisten ließen sie gehen. Sie trampten weiter nach Rock Springs, Wyoming, und wollten da auf einen Frachtzug aufspringen, wurden aber von einem Hobo davor gewarnt, denn in der Nacht zuvor sei ein Mord passiert, eine Frau von einem Landstreicher erschlagen worden, und im Moment seien die Bullen besonders scharf.

Sie hatten ein Jobangebot im Norden. In Evanston sollte ein riesiger Tunnel gebaut werden, für die Southern Pacific Railroad. Riesenauftrag. Riesengeld. Raymond wollte hin, aber Redfields Vater wollte nach Hause. Also nahmen sie einen Bus nach Chicago, trampten nach Windsor Locks,

Ontario, überquerten bei den Niagarafällen wieder die US-Grenze und fuhren dann weiter mit dem Bus durch den Bundesstaat New York. Das war ein Monat vor dem zwanzigsten Geburtstag von Redfields Vater, und der mußte das Gefühl haben, daß jetzt etwas zu Ende war. War es auch. Das größte Abenteuer seines Lebens. Er war mit dem Leben davongekommen. Er hatte Kalifornien gesehen.

Redfield und Juliet fahren in die Wasatch Mountains, arbeiten sich durch die schwarzen Schluchten bergan, weg von Salt Lake City. Nach L. A. werden sie sich nicht noch mal länger als nötig in einer Stadt aufhalten. Von den Felsen des Parley's Canyon prallen die Motorgeräusche wie Trompetenklänge ab. Je höher es hinaufgeht, um so kühler wird es und um so weiter will er hinauf.

Manchmal ist keine Sonne zu sehen, weil die Felswände nicht weit von ihnen zu beiden Seiten mehrere hundert Meter emporragen.

Am späten Nachmittag kommen sie in die Untas Mountains, biegen vom Highway ab und suchen eine Unterkunft.

Sie übernachten in Heber City, im Swiss Alps Inn. Auf der anderen Straßenseite ist ein kleines Restaurant, Chick's, und dorthin gehen sie abendessen. Für sechs Dollar gibt's Hühnchensteak, Salat, Kartoffelpüree, Gemüse, ein faustgroßes Brötchen und eine Limonade. Die Kellnerin ist gerade mal sechzehn und blond. Sie heißt Janet. Als sie mit der Bestellung weggeht, sagt Juliet: «Weißt du, wenn du ein berühmter Star wärst, würden sie dich bezahlen, damit du Pepsi trinkst.»

«Wenn ich berühmt wär, würde ich keine Pepsi trinken.»

«Was denn?»

«Wasser, Luft, Sonne.»

«Das machst du doch jetzt schon.»

«Ja, aber dann würde es noch besser schmecken.»

«Oh, Redfield. Du sagst so schöne Sachen.»

«Dumme Kuh», erwidert er, froh, daß sie wieder redet.

Als Janet mit dem Essen kommt, will sie wissen, woher sie kommen und wohin sie wollen. Das haben alle wissen wollen, jeder Tankwart, jeder Schnellimbißverkäufer, jeder Kassierer und jede Kellnerin. Die riesige Harley, vollgepackt mit Gepäck, Feldflaschen, Isomatten, Helmen, Rucksäcken und Halstüchern, die wie Wimpel hinter ihnen herflattern. Die beiden in ihrer Ledermontur und mit den Sonnenbrillen, eine richtige Straßenattraktion, endlich mal was los hier.

Redfield will ihr von seinem großen Vorhaben erzählen, daß er einem Geist hinterherjagt, doch die Worte kommen nicht heraus. Er beschränkt sich darauf, Ortsnamen, Staaten, Flüsse und Berge aufzuzählen.

Sie lächelt, schüttelt den Kopf und macht schon mit ihren sechzehn eines dieser Dinge, die Frauen mit den Augen tun können.

Juliet lächelt zum erstenmal an diesem Tag. Seit Carson City hat sie absichtlich nicht mehr viel gesagt. Jetzt fühlt sie sich etwas besser. Sie lernt allmählich etwas über ihr gehetztes Leben.

«Das würd ich auch gern mal machen», meint Janet.

Redfield denkt, ich auch.

«Seid ihr verheiratet?» fragt Janet.

Ehe Redfield antworten kann, sagt Juliet, daß sie verheiratet sind und nach New Mexico wollen.

«Oh, wie schön. Dann laßt es euch schmecken, und wenn ihr was braucht, ruft mich.»

«Warum hast du das gesagt?» will Redfield wissen.

«Wir sind hier in Utah», sagt Juliet. «Hier suchen alle Mädchen einen, der sie heiratet, der sie hier rausholt. Weißt du das nicht? Ich wollte nicht, daß sie denkt, sie hätte eine Chance, und dann enttäuscht ist.»

«Aber sie hat eine Chance. Ihr Gestell gefällt mir.»

«Also weißt du.»

«Wenigstens redest du jetzt wieder.»

«Mir geht's besser.»

«Freut mich für dich.»

«In Carson City hab ich mich an was erinnert. Weihnachten, als meine Eltern mit der Corvette von Connecticut hochgekommen sind.»

Redfield erinnert sich auch daran. Er verhakt ihre Finger ineinander und zieht ihre Hand zu sich herüber, über die Teller.

Er erinnert sich aus anderen Gründen an dieses Wochenende. Weil nämlich sein Vater am nächsten Morgen mit dem Löffel gegen das Wasserglas klingelte und ihm sagte, er werde jetzt ans College gehen, ob es ihm passe oder nicht, weil er ihm sagte, er werde die Farm verkaufen.

Er zieht ihre Hand an sein Gesicht, hält sich ihre Finger an die Stirn, an Augen, Wangen, Nase, Kinn, nimmt sie in den Mund.

«Du machst mich ganz naß», flüstert sie. «Wenn du so an den Fingern saugst. Tu das nicht. Ich spür es bis runter in die Hose.»

Redfield läßt ihre Hand los, zwinkert ihr zu.

«Treib keine Späße mit mir.»

«Iß jetzt.»

Als sie fertig sind und im Restaurant schon alles abgeräumt wird, bezahlen sie und gehen über die Straße. Redfield beobachtet ihren Gang, wie sie sich in den ausgewaschenen Jeans bewegt, mit den wie Fenster herausgeschnittenen Stücken. Ihr Körper wirkt geschmeidig, die blonden Haare milchig.

Im Zimmer zieht Redfield sich die Schuhe aus und legt sich im schummrig blauen Licht auf eines der beiden Betten. Er ist zu müde, um sich noch zu bewegen. Zehn Stunden lang ist er gegen eine Mauer aus Luft angefahren. Seine

Arme schmerzen, und er will, daß das Summen, das er von den Fingern bis zu den Schultern hoch spürt, endlich aufhört. Er weiß gar nicht, ob ihm noch immer die Rippen weh tun, so hat er sich schon daran gewöhnt. Er denkt an seinen Vater im Krankenhaus, kann den Gedanken aber nicht festhalten.

Juliet kommt aus dem Bad und stellt sich in Positur. Sie trägt einen Rock und ein weißes geripptes T-Shirt.

Sie schaut in den Spiegel und fährt sich durchs Haar, in das sie eine perlenbesetzte Spange gesteckt hat, rote, grüne, schwarze Lichttupfer auf Blond.

Er tritt von hinten an sie heran, und so schnell, daß ihr die Luft wegbleibt, liegen seine Hände unter ihrem T-Shirt und umfassen ihre nackten Brüste.

«Fühlt sich gut an», sagt sie, «aber es geht nicht, du weißt doch.»

«Was ich nicht weiß, macht mich nicht heiß. Aber was ich weiß...» murmelt er und läßt die Hände langsam kreisen. Dann legt er ihr eine Hand an den Hintern und reibt daran, als könne er den Rock zum Glänzen bringen wie poliertes Holz.

«Tun wir's jetzt?» fragt sie und wirft den Kopf zurück.

«Wen fragst du?»

«Ich weiß nicht. Wahrscheinlich dich.»

Sie drückt sich an ihn und greift hinter sich. Ihr Kopf liegt an seiner Schulter, das Gesicht ist ihm zugewandt, und er spürt, wie sie ihm die Jeans aufknöpft.

«Mann, Redfield. Du hast ja 'n Steifen. Toll.»

«Wirklich?»

«Fühlt sich richtig gut an.»

Sie küssen sich. Er küßt sie. Die Augen und die Wangen. Das Haar und die Brust. Er schiebt sie zurück aufs Bett. Leckt ihre Haut, die Ohren, die Arme, die Beine. Läßt seinen Speichel auf ihren Bauch tropfen und leckt ihn wieder trokken. Sie küssen sich, als würden sie eben entdecken, daß sie einen Mund haben, als würden sie gestillt. Sie hat den Kopf zurückgebogen, den Hals nach vorn gewölbt, und ihre Schultern zittern.

Sie hebt die Hand und packt seinen Unterarm, drückt ihn hinunter an ihre Hüfte, schiebt seine Hand in ihren Slip, wo sie warm und feucht ist. Sie ringt nach Luft.

«Einer von uns sollte vernünftig sein», sagt er.

Sie öffnet ihm das Hemd und küßt seine Brust, gleitet mit dem Mund an sein Ohr und feuchtet es an, atmet hinein, als sie er der einzige, der sie halten kann wie Wasser und Luft, ganz sanft, der sie verrinnen läßt wie feinen Sand.

Er kann gar nicht genug bekommen von ihrem Körper, weil es ein Körper ist, weil er vor Leben seufzt. Er ist lebendig, seinem ähnlich und zugleich anders. Wenn er ihn berührt, erwidert der Körper die Berührung, ein Funke springt über und sagt ihm, daß er lebt.

Er denkt: Ich will meine Arme um dich schlingen, an deine Haut, in deine Haut hinein. Ich könnte deine Haut sein.

Bei ihr kommt Milch, und er trinkt sie.

«Redfield», sagt sie, «raub mir den Atem.»

Sie schiebt ihn auf den Rücken und zieht ihm die Jeans herunter. Dann schiebt sie den Schritt ihres Slips beiseite und setzt sich auf ihn, umhüllt ihn, ist ganz um ihn herum. Sie wiegt die Hüften, spürt ihn in sich, und es ist heiß und feucht.

Er denkt: Das ist mein Leben.

Sie denkt: Das ist mein Leben.

Sie bleibt auf ihm, obwohl sie dort nicht hingehört, fliegt, überwindet die Schwerkraft. Vielleicht ist sie so umfassend und gleichmäßig wie der Ozean, aus einer Erdumlaufbahn betrachtet. Vielleicht ist sie so ruhig und konstant wie das Licht verglühter Sterne. Vielleicht ist sie Moos… Sie spürt, wie er herausrutscht, sieht, wie sich Trauer über sein Gesicht legt.

«Oh», sagt sie, «hab wohl zu heftig geschaukelt.»

*

Sie liegt neben ihm, seine Hand fest zwischen ihre Schenkel gepreßt. Sie läßt die Lippen über sein Ohr gleiten, saugt an einer Haarsträhne.

«Ich dachte, ich sterbe», sagt sie.

«Nein. Kein bißchen. Oder hast du was anderes gemeint? Ein anderes Mal?»

«Ich hab beschlossen, nur noch mit jemandem zu schlafen, wenn es mir egal ist, ob er mich umbringt.»

«Das erhöht gewaltig den Einsatz.»

«So sind die Zeiten. Die Folgen der Liebe.»

Langsam dreht er die Hand zwischen ihren Schenkeln. Sie fährt mit den Fingern über sein Gesicht, sagt ihm, es wird schon wieder, sagt ihm, er war toll, sagt ihm, er braucht nur noch eine Weile. Sie faßt hinunter und spürt, daß er immer noch weich ist, also reitet sie auf seiner Hand, auf seinem Bein und kann nicht genug von ihm bekommen.

*

«Wir werden einen Sohn haben», sagt er, «und wir werden ihn Erde nennen.»

Sie lacht, die Idee gefällt ihr. Sie ist stolz auf ihn, weil er so naiv an Liebe, Hoffnung und Träume glaubt. An Kinder. Naiv, dumm. Dumm wie sie im tiefsten Innern.

«Wir werden eine Tochter haben», erwidert sie, «und wir werden sie Hazel nennen.»

Sie sind im Swimmingpool des Motels, im Dunkeln, im warmen Wasser, das die Hitze des Tages hält und sie langsam an die Nacht abgibt. Sie sind am tiefen Ende, und jeder denkt, er hält den anderen oben.

«Diese Geschichte», fängt er an, «ich hab dir nicht die Wahrheit gesagt.»

«Um Gottes willen», sagt sie. «Wovon redest du denn jetzt wieder? Du bist ja richtig launisch. Ehrlichkeit hätt ich von dir sowieso nie erwartet. Welche Geschichte?»

«Mach dich nicht lustig.»

«Tut mir leid. Welche Geschichte meinst du?»

«Es war mein Kind. Ich war der Vater. Ich hab sie geschwängert. Sie war eine Zeitlang meine Freundin.»

«Hätt ich mir fast gedacht.»

«Ich hab noch mal bei ihr vorbeigeschaut, ehe ich losgefahren bin. Ich wollte, daß sie mich aufnimmt, wollte alles wiedergutmachen. Sie hat gesagt: Du hast nur 'n schwachen Moment. Ich hab sie angesehen. Hab gedacht, ich hätt sie lieben können.»

«Du hast sie doch kaum gekannt.»

«Ich weiß.»

Sie treiben im Wasser, verdrängen es mit ihren Körpern, lassen sich von ihm tragen, nichts ist zwischen ihnen.

«Das mit deinem Kind tut mir leid», sagt Juliet.

«Und mir das mit deinem», sagt Redfield.

Sie sind hierhergekommen, um sich auszuruhen. Sie hatten Gründe hierherzukommen, aber welche? Sie sind hierhergekommen, weil dies ein Ort ist, wo man hin kann. Egal. Das Leben ist schwer. Das hat damit zu tun, wie seine bisherige Bilanz aussieht, damit, daß man nur erkennen kann, was man getan hat, und nicht, was man tun wird, aber wenn genug Teile da sind, sieht es aus wie ein Ganzes.

Es hat damit zu tun, wie sich das Leben auf Augenblicke reduziert: Meine Geburtstage werde ich nie vergessen. Ich hatte das beste Leben, weil ich die besten Geburtstage hatte. Ich schlafe nachts so gut. Vielleicht war das der Sohn, den ich haben wollte, und er kam zu früh. Manchmal will ich mich umbringen; nicht oft genug, aber fast.

Juliet läßt eine Handvoll Wasser über seinen Kopf rinnen und sagt: «Sieh mal, eine Sternschnuppe.»

Redfield sieht den letzten Schimmer, ehe sie in den Bergen verschwindet.

«Was meinst du, sollen wir zurückschnuppen?»

*

Einen Augenblick lang genießt er die Sonne. Dann geht er wieder hinein, und sie sitzt angezogen da, ihre Tasche auf dem Bett. Sie legt den Hörer auf. Er stellt sich hinter sie und schiebt die Daumen unter ihren Gürtel.

«Keiner zu Haus», sagt sie und läßt den Kopf nach hinten sinken. Sie schaukeln hin und her und atmen gemeinsam, er kurz und gleichmäßig, sie langsam und gemessen. Sie dreht ihm das Gesicht zu, nimmt ihn in die Arme und zieht seinen Kopf herab auf ihre Schulter.

«Alles okay», sagt sie, «du bist nur ein ganz normaler vollblütiger amerikanischer Junge und ich nur eine ganz normale vollblütige amerikanische Frau. Ist doch nichts dabei, wenn wir auch ein bißchen blutsverwandt sind.»

«Ja», sagt er, «ist doch nichts dabei.»

Der nächste Abschnitt ihrer Reise wird vierhundert Meilen lang sein. Redfield würde am liebsten überhaupt nicht anhalten, tut es gerade mal zum Tanken, und da sagt er kein Wort zu ihr. Er will nicht reden, denn er ist ein gehöriges Stück nördlich von New Mexico, hält sich oberhalb davon. Reden würde nur das mit Geräusch, mit Leben erfüllen, was hinter dem Horizont liegt.

Eine Vierhundertmeilenfahrt durch das Empty Quarter, das Land der Sagebrush-Sträucher, der Canyons. Die Spanier kamen wegen Gold hierher, die Mexikaner wegen Sklaven, die Trapper wegen der Biber. Sie fahren an Asternfeldern vorbei, an roten Felsen, verrosteten Trailern, Enzian, Schafgarbe. Dinosaurierland. Ausgetrocknete Sümpfe.

Hinter Vernal überqueren sie den Green River und den Yampa, die träge und warm dahinfließen. Sie fahren durch das Land der graugrünen Sagebrush-Sträucher, über das hohe, weite Plateau, dieses wüste Land im Regenschatten des Gebirgs, wohin sich nur einzelne Gewitter verirren. Man sieht weidende Kühe, Getreide und Heu, künstlich bewässerte Alfalfafelder.

Doch meistens Leere. Redfield denkt, hier könnte er leben, vielleicht in einem hohen, engen Tal mit Blick auf einen See, auf ein natürliches Amphitheater aus sanft ansteigenden Wiesen, einen aus dem Fels gegrabenen See oder einen See, der entstand, als Moränen die Eisschmelze blockierten.

Entlang dem Green River und dem Yampa River leben Kanadagänse, Kanadareiher, Truthahngeier und Wanderfalken in der Luft, auf dem Wasser, am Boden.

Sie machen eine Pause. Redfield kauft etwas Brot und ein Stück Peperoniwurst. Juliet kauft Obst und Mineralwasser. Sie teilen sich das Essen, sitzen dicht zusammen, reichen es hin und her, schieben dem anderen etwas davon in den Mund.

«Du hast dich mir die ganze Zeit entzogen», sagt sie.

«Das stimmt doch nicht.»

«Kommt mir aber so vor.»

«Wir fahren nicht mehr lange. Nur noch bis Steamboat Springs.»

In der Nacht fallen sie aufs Bett. Sind hundemüde. Wieder ein Motel. Wieder ein anderer Bundesstaat. Erschöpft vom Wind. Erschöpft vom Wasser. Erschöpft von der Sonne. Diesmal ein Motel für Motorradfahrer. Diesmal Colorado.

«Welche Farbe hat deine Unterhose?»

«Weiß.»

«Gut.»

Sie zeigt ihm den gestreckten Mittelfinger, und er bemerkt, wie lang er ist, wie zart. Er nimmt ihre Hand und dreht sie hin und her, will den Finger von allen Seiten betrachten. Er schiebt ihn sich in den Mund, sie läßt ihn dort. Er denkt an das weiße Stück Stoff zwischen ihren Beinen, das gelobte Land.

«Du kriegst schon wieder glasige Augen. Deinen verschwommenen Blick.»

«Du bist so schön», sagt er.

«Danke für das Kompliment, aber so schön bin ich auch wieder nicht.»

«Für mich bist du eine Göttin, die Freiheitsstatue, Miss Venus USA, Marilyn Monroe, alles auf einmal.»

«Miss Venus USA?»

«Ja klar, Miss Venus USA.»

«Aha.»

In ihren ausgewaschenen Jeans wirken ihre Bewegungen wieder so geschmeidig. Am liebsten würde er ihr die Nieten von den Jeans lutschen. Fixiert auf das, was darunter liegt. Es geht ihm wie ein Mantra durch den Kopf. Er sieht zu, wie sie sich auszieht, die Jacke, die Chaps... Wenn er etwas im Leben möchte, dann, daß ihm nie etwas über den Anblick einer Frau geht, die sich aus den Jeans schält.

Er denkt daran, wie weit sie gekommen sind. Wie weit sie's noch haben.

Er beginnt an ihr zu lecken, spürt, wie sich ihre Beinmuskeln anspannen und wieder lockerlassen. Er möchte sie bis auf die Knochen lecken. Er möchte sie besitzen, will, daß sie New Mexico vergessen kann. Sie hält seinen Kopf und streicht darüber, als wolle sie mehr Strom in ihren Körper bringen. Doch es ist nicht wie Seide, nicht wie Eis oder Salbe, nicht wie Nitroglycerin. Zu lange unterwegs. Den Kopf zu voll mit Ungemach. Das Anfängerglück in Utah aufgebraucht. Ihr Becken zittert. Der Bauch wölbt sich hoch. Die Brust ist naß von Schweiß und Milch, und der Kopf beginnt zu schmerzen. Redfields Kiefer fühlt sich geschwollen an, und es gibt Augenblicke, da glaubt er zu ertrinken. Sie fängt an zu keuchen und die Augen zu verdrehen.

Als es vorbei ist, wird ihr Körper schlaff im dunklen Zimmer, und er läßt sich vornübersinken, die Wange an ihrem Bauch. Sie ruhen sich aus am Rand der Atemlosigkeit, bis die Körper ruhig werden und der Schweiß im dunklen ventilierten Zimmer abkühlt.

Redfield drückt sich auf Hände und Knie hoch. Er senkt den Kopf an ihren Bauch und küßt ihre Haut. Sie ist glatt und schmeckt nach Kupfer. Er wischt sich das nasse Gesicht ab und fragt, ob alles in Ordnung ist. Sagt ihr, sie soll nicht hinsehen, glaubt aber, daß sie ihre Tage hat.

«Es war, als würde ich mit einem rostigen Messer abgestochen», sagt sie, «nur schöner, find ich.»

«Ich glaub, ich versteh.»

Er kneift sie, und sie quietscht.

«Nicht», sagt sie, «ich kann mich nicht wehren.»

Sie kann sich nicht bewegen, kann nicht lachen, fühlt sich wie Gelee. Sie tätschelt ihm den Kopf, sagt: Mein kleiner Held. Redfield wischt sich noch mal übers Gesicht und macht die Nachttischlampe an. Ihr Licht scheint ihm direkt in die Augen. Er hat das Gefühl, Hunderte winziger Basketbälle würden ihm gegen die Stirn fliegen und in den unterschiedlichsten Winkeln davon abprallen.

«Schau nicht hin», sagt er, kippt aus dem Bett, steht wieder auf und stolpert ins Bad, um ein Handtuch zu holen.

Aber sie sieht hin. Drückt sich hoch auf die Ellbogen. Zwischen ihren Beinen ist das Laken blutgetränkt. Ihr Körper und die Schenkel sind rot verschmiert und schimmern im Licht der Lampe.

«Das bist du», schreit sie. «Nicht ich.»

Sie hört ihn fallen und rennt hin, sieht ihn auf dem Linoleumboden liegen, bewußtlos, und aus der Nase schießt das Blut.

«Du bist das», flüstert sie. «Deine Nase.»

*

Er erwacht im Dunkeln, kühle Finger, ein Tuch auf der Stirn, eine Hand in einem kleinen Eimer mit Eis. Er stellt sich vor, daß es ein weißes Tuch ist. Eis ist gefrorenes Wasser. Die Finger sind die von Juliet. Er ist okay. Juliet ist wie eine Krankenschwester.

«Wir sollten zurückfahren.»

«Psst», sagt sie, «schlaf jetzt.»

Ihr Atem riecht nach Pfefferminz. Die Finger sind kühl. Sie gibt ihm Wasser zu trinken.

«Wir sollten zurück in den Osten fahren.»

«Ich kann nicht zurück», flüstert sie. «Mein Leben ist jetzt hier.»

«Wir werden zurückfahren. Zusammen. Nach Hause, im Herbst, nur um die bunten Blätter zu sehen.»

«Man kann nie nach Hause zurück.»

«Zu Hause ist, wo das Herz ist. Zu Hause gibt es nur einmal. Wir werden auf der Farm leben. Alles wird wieder gut. Ich liebe dich.»

«O ja, Junkie-Liebe.»

«Es ist ja nicht für immer. Ich hab noch Durst.»

Sie gibt ihm etwas Wasser. Er sieht, daß das zweite Bett abgezogen ist. Die Laken hängen über den Möbeln zum Trocknen.

«Es wär ja nicht für immer», sagt er.

«Nein. Setz mich in Denver ab, und ich flieg zurück nach Albuquerque. Ich dachte, ich könnte die Entscheidung selbst treffen, aber das stimmt nicht. Irgendwie hab ich immer gewußt, daß ich es tun muß.»

Er setzt sich auf und trinkt noch einen Schluck. Er fühlt

sich, als könne er einen ganzen Kanister leer trinken, egal was. Er schwingt die Beine aus dem Bett, trinkt noch mal und steht auf. Er geht durch den Raum. Seine Beine sind neu, und er ist sich ihrer nicht sicher. Die Rippen fangen an weh zu tun, als bräuchte der Schmerz etwas länger, um aufzuwachen, und er ist erleichtert. Ihr Geruch und ihre Berührung haften an ihm und scheinen überall dort, wo sie sind, Licht einzufangen. Das glitzert auf seiner Haut wie die Schuppen eines Fisches, wie die Farben einer Wellhornschnecke.

Juliet steht auf und geht zu ihm hinüber, folgt ihm, um sicherzugehen, daß alles in Ordnung ist. Auf dem Tisch beim Fenster liegen die Landkarten von Colorado und New Mexico.

Sie sagt: «Ich will in den Süden.»

«Zu spät», gibt er zurück.

«Nein. Es ist nie zu spät.»

«Stimmt, aber manchmal doch.»

*

In dieser Nacht in Colorado kommt der Regen wie eine Stampede, wie Pferde, die übers Dach donnern, Pferde aus dem Westen: Palominos, Creamellos, Appaloosas, Rotschimmel. Sie reißen Löcher in den Himmel und stürzen hindurch. Der Himmel zerrissen. Es kracht. Lärm, in Windstöße gehüllt.

Sie wacht auf. Er sitzt an der Bettkante und sieht sich *Die Wildnis ruft* an. Tränen laufen ihm übers Gesicht. Sie schmiegt sich an ihn und schläft wieder ein, die Finger in seinen Verband geschoben.

Als sie wieder aufwacht und sich durch die Sekunden des Erwachens kämpft, hört sie die Toys, die vom schönen, sanften Regen singen, und draußen fällt noch immer genau so ein Regen. Der Raum ist durchtränkt mit seinem Geruch. Redfield sitzt am Fenster und führt Selbstgespräche. Er sagt:

«Und dann sagte ich, und dann sagte sie, und dann sagte ich…»

«Komm wieder ins Bett», ruft sie. «Wir schlafen heute richtig aus. Weiterfahren können wir eh nicht.»

«… ich fahr bei Nacht. Seh das Land gern im Dunkeln. Wenn ich durch deine Stadt komme, und du liegst hinter einer verschlossenen Tür im Bett, denk an mich. Denk an mich, wie ich durch die Nacht fahre. Ich denk an dich. Vampire leben in der Nacht. Machen Spätschicht. Denk dran, Schlösser sind was für ehrliche Menschen. Wie ging's dir, wenn ich mir die Hand an deinem Gesicht bräche. Alte Leute laufen dir in den Weg. Sehen dich einfach nicht. Blut schmeckt wie ein Mundvoll Pennies. Angst. Riesige Angst. Was heißt hier Richtung, wenn die Erde rund ist?»

Er steht auf und legt sich neben sie.

«Redfield. Woran denkst du beim Fahren?»

«An eine Frau namens Muriel Pfeffer.»

«Wer ist das?»

«Weiß nicht. Hab sie grad erfunden.»

«Ehrlich?»

«Ehrlich. Ich mach mir immer Sorgen. Ich mach mir Sorgen wegen all den Leuten auf der Welt, die mich vielleicht nicht mögen.»

«Meinst du, das sind viele?»

«Weiß ich nicht. Im Ernst. Ich weiß es nicht.»

Sie merkt, daß es ihm ernst ist. Er meint es wirklich so. Er hat tatsächlich Angst.

«Woran denkst du noch?»

«An die Postbeamten in Memphis, wie sie in den Briefen wühlen, die am nächsten Tag raus müssen. Ich mach mir Sorgen um sie. Haben sie ein Zuhause? Haben sie genug zu essen? Haben sie's schön warm?»

«Ich denk schon. Wahrscheinlich verdienen sie nicht schlecht.»

«Aber wenn sie doch schlecht verdienen würden. Wenn es arme Leute wären.»

«Dann würden sie frieren und hätten Hunger.»

«Ich weiß, woran du denkst», sagt er.

«Stimmt.»

«Jeden Abend?»

«Jeden Abend. Jeden Morgen. Jeden Tag.»

«Weißt du, was auf den Schildern steht, wenn man nach Pennsylvania kommt?»

«Nein. Was denn?»

«Hier beginnt Amerika.»

«Wirklich! Wissen das die Leute in New Jersey?»

«Weiß ich nicht. Vielleicht steht es deshalb drauf, damit sie's in New Jersey erfahren.»

«Vielleicht hat es was mit 1776 und so zu tun.»

«Müßte es dann nicht heißen: Hier begann Amerika?»

«Ja. Eigentlich schon. Wir sind doch hier in Amerika, oder?»

«Ja. Colorado ist in Amerika.»

«Meinst du, die Leute, die diese Schilder in Pennsylvania machen, wissen das?»

«Weiß nicht. Aber wenn, dann denken sie sicher, Amerika beginnt tatsächlich bei ihnen.»

«Was soll's. Geschichte ist so was von Zeitverschwendung. Die Zeit ist zu wichtig, als daß man sie an die Geschichte verschwenden sollte», sagt sie. «Wenn ich ein Kind hab, werde ich ihm Vertrauen und Ungehorsam beibringen.»

Gedankensprünge, denkt sie. Sie faßt in seine Hose und hält ihn fest.

«Früher hattest du so einen süßen Babypimmel», sagt sie.

«Ich bin kein kleiner Junge mehr.»

«Doch. Alle kleinen Jungen sind kleine Jungen. Du hast richtige Brüste», und sie küßt seine Brustwarzen.

«Ich weiß. Mein Brustkorb ist so gewachsen, seit ich klein war. Ich bin zwar stark, hab aber keine Konturen. Früher war mir das peinlich.»

«Macht doch nichts. Sind ja nicht sehr groß.»

«Was soll ich tun? Mir Silikon reinspritzen lassen?»

«Nein. Ich meine, du brauchst dir keine Sorgen zu machen. Über Männlichkeit und so. Ich finde sie reizvoll. Sie machen dich irgendwie androgyn.»

«Das wollt ich schon immer sein.»

«Ich erinnere mich noch, wie du dir Buntstifte auf die Haut geschmolzen hast. Eine ganze Schachtel.»

«Weiß ich nicht mehr.»

«Doch, hast du gemacht. Sah wirklich toll aus.»

Er rollt sich auf den Bauch, vergräbt das Gesicht ins Kissen. Juliet klettert auf ihn. Sie sitzt auf seinem Hintern, streckt die Arme seitlich vor. Sie denkt an gefährliche Strömungen, versucht sich vorzustellen, wie es ist, wenn man ertrinkt.

Redfield sagt: «Als ich von der George-Washington-Bridge runterkam, war es, als würde sich das ganze Land vor mir ausbreiten. Die ganzen dreitausend Meilen.»

Juliet reitet auf ihm.

«Ich dachte, wenn ich schnell genug fahr, kommt mir nichts und niemand hinterher, nicht mal die Zeit. Ich konnte bis zum Meer sehen, und dann dachte ich, jemand ruft meinen Namen, und dann war ich weg. Letzten Herbst lief ein Typ über den Campus, der schleppte ein riesiges Kreuz. Unten hatte er eine kleine Achse drangemacht, mit kleinen Rädern. Damit sah ich ihn die Straße langgehen. Das ging mir nicht aus dem Kopf, und deshalb bin ich am Abend losgefahren und hab ihn ein Stück die Straße runter auf der Leitplanke sitzen sehen. Das Kreuz lag daneben.»

Juliet läßt sich niedersinken, legt den Kopf auf seinen Rücken. Er spürt sie dort, leicht und warm, genug Gewicht, um sein bebendes Innneres zu besänftigen. Sie knetet seine Muskeln, streichelt und tätschelt ihm den Kopf.

«Ich halt an, und der Typ sagt: Ich weiß nicht, ob ich's noch weiter schaff. Na ja, sag ich, jeder hat sein Kreuz zu tragen. Er sieht mich an und sagt: Ich werd auf keinen Fall zu Kreuze kriechen. Versuch nicht, mich aufs Kreuz zu legen, sag ich. Wir lachen beide. Er erzählt mir, daß er das Kreuz bis nach Florida schleppen will. Da sag ich: Steig auf, ich bring dich nach Maryland. Wir fahren also ein Stück, und dann hält uns ein Bulle an, weil wir ein nicht zugelassenes Fahrzeug schleppen. Das Kreuz war nicht zugelassen. Da haben wir uns fast bepißt vor Lachen. Der Bulle auch, und dann ließ er uns weiterfahren.»

«Schön», sagt sie und streichelt ihn weiter.

«Da fällt mir noch was ein», sagt er, dreht sich um, und sie erhebt sich kurz und läßt sich wieder auf ihm nieder. «Geht's ein bißchen tiefer?» fragt er, und sie rutscht auf seine Oberschenkel.

«So besser?»

«Also, das ist jetzt wirklich wichtig. Eines Abends, als ich die Interstate lang bin, hab ich ein ganzes Stück weit weg Lichttürme gesehen, riesige Scheinwerfer-Fliegenklatschen, und ich dachte, das ist ein Gefängnis. War's aber nicht. Ganz weit hinten sah ich Holzbänke und winzige Menschen. Konnte alles sehen. Es war ein Baseballspiel. Ich wußte, daß da Leute sein mußten. Spieler und Zuschauer, die die Spieler lieben. Ein warmer Abend, und es gibt Limonade, Bier und Hotdogs. Es war, als wär ich das erste Mal in Amerika. Ehrlich.»

Und dann hört er auf zu reden, denn er ist steif geworden, und sie hat ihn in sich eingeführt, und er denkt, vielleicht klappt's diesmal.

*

Redfield wacht auf. Zum zweitenmal in zwei Tagen hat er Hunger und Durst. Er weiß, er muß essen und trinken. Er schlüpft aus dem Bett, zieht sich an, geht raus über die Straße und kauft was zu essen: Croissants und Corned beef, Käse, Pickles, Pepsi, Chips, Schinken. Er füllt den Korb mit allem, wovon er denkt, daß es gut schmeckt: Schokoriegel, Cashew-Nüsse, Paprika. Er kauft bunte Lebensmittel: Gatorade, Wackelpudding, Senf. Er kauft Bohnen und Broccoli aus der Dose, Wein und einen Sechserpack.

Er steht in der Schlange und lauscht den Gesprächen... Hat sich der Typ also das ganze Gebiß sanieren lassen, und ich hab ihm eins aufs Maul gegeben. Jetzt hab ich 'n Haftbefehl am Hals. Er will mich verklagen, aber wo nichts zu holen ist...

Er bezahlt und geht zurück zum Motel. Als er ins Zimmer kommt, steht sie schon an der Tür. Sie gibt ihm eins aufs Auge und fängt an zu weinen.

«Laß mich nie wieder allein. Ich hab dir doch gesagt, du sollst mich nie wieder allein lassen.»

«Okay, okay», sagt er, und sein Auge beginnt zu tränen. «Ist ja schon gut.»

Er stellt die Taschen ab und legt sich aufs Bett, den Arm über die Augen. Sie bringt ihm ein feuchtkaltes Tuch.

«Verdammt», sagt er, «das hat ganz schön weh getan.»

«Tut mir leid, aber ich hab dir gesagt, du sollst nicht weggehen, ohne mir Bescheid zu sagen.»

Juliet sitzt am Fenster. Sie hat den Vorhang zurückgezogen und starrt hinaus in den nassen grauen Himmel.

Nach einer Weile steht Redfield auf und holt die Einkäufe. Er breitet ein Handtuch auf den Tisch vor ihr. Macht Sandwiches aus den Croissants und dem Corned beef. Dann öffnet er das Glas mit den Pickles und reißt die Tüte Chips auf. Er schenkt Getränke ein und schneidet Käse. Juliet sagt danke und fängt in kleinen Bissen an zu essen.

Sie sagt: «Weißt du, was das Arschloch zu mir gesagt hat, als wir uns das erste Mal begegnet sind?»

«Nein. Was?»

«Oh, Juliet, wie im Kino. Er dachte, *Romeo und Julia* sei ein Kinofilm!»

«Gar nicht so schlecht für einen Durchschnittsdeppen.»

«Sag ja nie was Nettes über den. Ich brauch deinen Haß auf ihn, denn falls ich mal aufhören sollte, ihn zu hassen, kannst du mir von deinem was abgeben. Ich hätt es besser wissen müssen. Er war einfach nur ein New-Age-Arschloch. Hat dauernd von dem verletzten Kind in sich gelabert. Scheißkerl.»

«Er hat mir gesagt, ich soll dir ausrichten, daß er dich zurück will. Er meinte, falls dein Geist in diese Richtung strömt.»

«Wenn du den Typen noch mal siehst, sag ihm, er kann mich kreuzweise.»

«Mein Vater meinte, es gab mal einen Augenblick in der Zeit, wo wir zwischen Schönheit und Häßlichkeit wählen konnten, und ehe wir uns entschieden hatten, kam das Gesetz, und die Häßlichkeit hatte uns gewählt. Das ist seine Interpretation von Geschichte. Er meinte, das mit unseren Namen wär damals einfach so 'ne Schnapsidee gewesen.»

Juliet öffnet den Mund, doch ehe sie etwas sagen kann, schiebt Redfield ein Stück Käse hinein.

*

Als es dunkel ist, schminkt Juliet sich. Sie dreht sich zu Redfield um, das Gesicht weiß, die Lippen rot, und sagt, sie will ausgehen, will in Colorado unter Leute kommen.

Sie gehen die Straße hinab bis zu einer kleinen, ruhigen Kneipe. Auf den Tischen liegen Puzzles, Stahlspulen, die man voneinander trennen muß, Knotentricks, rechteckige Stifte, die man durch runde Löcher stecken muß. Außerdem gibt's grünes Chili und Ernest Tubb in der Jukebox. Patsy Cline.

Sie bestellen Bier. Redfield erzählt ihr von einem Bekannten, der mal besoffen nach Hause kam und mit dem Helm auf dem Kopf einschlief. Als er wieder aufwachte, war es stockfinster. Sein Kopf wog eine Tonne, und er konnte nichts hören. Er stand auf und lief so im Haus rum, bis Redfield vorbeikam und ihn fragte, warum er den Helm aufhabe.

Als Juliet lacht, flattern ihre Hände wie Vögel. Noch immer unter Gelächter schnorrt sie sich eine Zigarette, hält sie wie eine Requisite.

Redfield wippt mit dem Bein und trommelt mit dem Daumen auf den Tisch. Er singt zur Musik und gibt eine John-Wayne-Imitation zum besten. Er braucht ihr Lachen. Er muß sie zum Lachen bringen. Sie ist die Sonne bei Tag und der Mond bei Nacht. Er selbst ist ein Erdbeben.

Der Typ, von dem Juliet die Zigarette geschnorrt hat, sagt: «Hey, Süße.» Sie ignoriert ihn, und er wiederholt es, faßt sie diesmal am Arm.

«Fick dich ins Knie», sagt sie.

«Würd lieber dich ficken.»

«Leg dich nicht mit mir an, Freundchen. Ich bin mit Redfield hier. Der bläst dir die Zähne in den Arsch. Der ist hart drauf.»

«Ich hab schon tierisch Angst», meint der Typ.

«Solltest du auch. Er ist ein blutrünstiger Vietnam-Veteran. Sauer, weil es keine Parade gegeben hat, als er zurückkam. Drogen und Herzweh haben ihn fertiggemacht.»

Redfield beugt sich zu Juliet vor und sagt: «Vergiß nicht die Stelle, wo du sagen mußt: Er hat getötet und wird es wieder tun.»

«Er hat getötet und wird es wieder tun.»

Der Typ fängt an zu lachen.

«Ihr zwei seid okay», meint er.

«Hey», sagt Redfield. «Du bist doch der, der jemandem das Gebiß zertrümmert hat. Gegen dich liegt ein Haftbefehl vor.»

«Woher weißt du das?»

«Hab's heute morgen im Lebensmittelladen gehört. Oder gestern. Ich krieg dauernd so was mit.»

«Ihr zwei seid okay. Wo ist euer Motorrad?»

«Zuletzt hab ich's vorm Motel gesehen.»

Der Typ ist aus Florida. Hat eine Soft Tail. In der Zeitung hat er gelesen, daß es in Montana nicht genug Cowboys gibt, deshalb will er dorthin. Er hat eine kleine Flagge mit den Buchstaben M. I. A. Die ist für die Jungs, die noch immer in Vietnam, Laos und Kambodscha sind. Sein eigener Bruder ist abgeschossen worden.

«M. I. A. – Missing in Action», sagt Redfield.

«Missing in America», sagt der Typ.

«Ich sollte zu Hause anrufen», sagt Redfield.

*

Am Abend wird es wärmer. Juliet geht einen Schritt über die Beckenkante hinaus, und mit einem *Flupp* schnellt ihr Körper ins Wasser. Redfield setzt sich an den Rand des Swimmingpools und läßt sich sanft hineingleiten. Am Himmel hängt ein sichelförmiger Mond. Sie stecken die Köpfe zusammen, flüstern verschwörerisch wie Kinder. Sie spricht gegen seine Wange. Er redet mit ihrem Auge, seine Lippen streifen das Lid. Ihr Schmerz bleibt draußen im Trockenen, und sie fragen sich warum.

«Ich glaub, weil im Wasser die Schwerkraft geringer ist», flüstert er.

«Bei mir liegt's wohl daran, daß ich mir vorkomm wie ein Embryo. So 'ne Gebärmutter-Erinnerung.»

Redfield seufzt. Er ist überzeugt davon, daß es so was nicht gibt.

«O nein», sagt sie. «Du hast mich falsch verstanden. Als Embryo hat man es nicht. Das kommt später. Fängt mit der Geburt an. Das Erinnerungsvermögen, meine ich.»

Sie lassen sich bis ans Ende des Pools treiben, wo unter dem Sprungbrett die Weinflaschen stehen. Im Schatten des Bretts nimmt sie einen Schluck und dann noch einen. Sie behält den Schluck im Mund und gibt Redfield einen Kuß, läßt den Wein in seinen Mund rinnen.

«Das ist toll», sagt er und gibt ihr einen Schluck aus seinem Mund.

So teilen sie sich den Wein, bis sie ein kratzendes Geräusch hören, das in ein Klopfen übergeht. Sie sehen einen Mann mit einem Stock und einem Handtuch. Er hat eine Badehose an. Die beiden rühren sich nicht unter dem Sprungbrett. Der Mann zieht sein Hemd aus, legt auch das Handtuch ab und tastet sich klopfend bis zur Leiter am Bekkenrand vor. Dort schlüpft er aus den Sandalen, schiebt den Stock zusammen und klettert die Leiter hinab. Sie sehen zu, wie er erst auf dem Wasser schaukelt und dann losschwimmt. Er läßt sich treiben, macht Handstände und Überschläge unter Wasser. Er bleibt am flachen Ende des Beckens, schwimmt da immer hin und her, nur ein paar Zentimeter über dem Beckenboden. Dunkel wie ein Schatten, schnell wie eine Schwalbe. Er kommt hoch, holt Luft und taucht wieder hinab, berührt mit den Händen den Bekkenrand, stößt sich dann mit den Füßen ab und schießt vorwärts.

Der Mann steigt aus dem Wasser und trocknet sich ab. Er nimmt die Sandalen, das Hemd und den Stock. Mit einer Bewegung aus dem Handgelenk läßt der den Stock wieder auf volle Länge ausfahren. Redfield hätte gern, daß er etwas sagt, zum Beispiel gute Nacht. Er will sich vorstellen, daß der Mann die ganze Zeit wußte, daß sie da waren, und vielleicht weiß er es ja, aber er läßt sich nichts anmerken. Er klopft und kratzt mit dem Stock den Fußweg entlang und verschwindet aus ihrem Blickfeld.

Juliet flüstert: «Ich fühl mich wie ein Geist oder eine Seele. Wie beides.»

*

Als sie aufwacht, sitzt Redfield am Tisch und trinkt Kaffee aus einem Styroporbecher.

«Miss Juliet», hebt er an, «ich hab mich fortgeschlichen und Kaffee geholt. Ich hoffe, es stört Sie nicht. Ich habe Ihnen eine Nachricht hinterlassen.»

Er deutet mit dem Becher auf den Spiegel. Dort steht mit Seife geschrieben: Bin Kaffee holen. Komme gleich zurück.

«Die Welt ist heute voller Farben. Nach-Regen-Farben. Duftend. Ich rieche dich, und dein Duft ist betörend. Die Wörter für heute sind *duftend* und *betörend*.»

«Ich bin froh, daß du zurückgekommen bist, ehe ich wach wurde. Allein aufzuwachen wär scheußlich gewesen. Ich hätte bestimmt einen Anfall bekommen.»

«Hättest mich wieder schlagen müssen.»

Sie weiß, daß sie sich heute in Denver trennen werden. Sie spürt, daß er das vorhat. Er ist auf eine traurige Art fröhlich, und sie ist das Gegenteil.

«Redfield», sagt sie, «du hast die Schuhe falsch rum an.»

«Komm mit mir», sagt er.

Hinter Steamboat Springs macht die Route 40 einen Knick nach Süden und dann wieder nach Osten, Richtung Denver. Sie tauchen hinab in den Talnebel. Juliet hält sich an seinem Rücken fest, hat die Beine über seine Schenkel geschlagen. Von Denver aus wird sie nach Albuquerque fliegen, und dann? Sie weiß es nicht. In der Zeit davor dachte sie daran, sich umzubringen, stellte sich lange, scharfe Linien vor, die das Innere ihres Arms freilegen, stellte sich vor, wie sich ihr Blut mit kaltem Badewasser mischt, gleich Flügeln von Paradiesvögeln, das Verschwimmen zweier Medien, sich verschiebende Dimensionen. Das sind die heimlichen Phantasien, die Frauen haben müssen.

Sie denkt: Nein, nicht jetzt. Jetzt bin ich Mutter und habe Verantwortung. Aber andererseits, wenn nichts mehr klappt, lassen sich bestimmte Alternativen einfach nicht ignorieren. Es ist die Leidenschaft, die mich zwingt und die mich besiegen kann. Möchten Sie darüber reden? Absolut nicht. Therapie ist immer auch Vergewaltigung.

Sie arbeitet sich mit der rechten Hand zwischen seinen Hemdknöpfen durch. Das Leben ist ein sinkendes Schiff, aber hier heißt es nicht: Frauen und Kinder zuerst. Und was ist mit Lorelai? Ja, was *ist* mit Lorelai? Sie ist jetzt Mutter. Tut mir wirklich sehr leid, Lorelai, aber ich steh hier mit diesen riesigen Brüsten, bin allein mit meiner Trauer. Ich steh hier und suche nach was, das ich nicht finden kann, denke nur an Östrogen.

Er fährt weiter, und es beginnt zu regnen. Juliet kneift ihn in die Hüfte, und er zuckt zusammen. Sie nähert sich mit dem Mund seinem Ohr.

«Halt unter 'ner Brücke», sagt sie.

Er fährt weiter. Sie drückt den Kopf so eng an seinen Rükken, daß der Regen sie nicht trifft. Und dann hört der so plötzlich auf, wie er gekommen ist.

In Kremmling überqueren sie den Colorado River und nehmen die Route 9 nach Frisco, am Blue River entlang. Als sie die I-70 kreuzen, biegt Redfield nicht nach Osten Richtung Denver ab, sondern nach Westen. Juliet hält den Atem an, läßt sich aber nicht anmerken, daß sie es mitbekommen hat. Sie berührt seinen Hals und streichelt sein Ohr.

Ein paar Meilen fahren sie die I-70 entlang, überqueren das Rückgrat der Rocky Mountains und biegen dann bei Tennile Creek nach Süden auf die Route 91 ab, erklimmen den über dreitausend Meter hohen Fremont Pass. Es ist saukalt. Was vorhin leichter Nieselregen war, ist jetzt Schnee. Die Straße vor ihnen ist grau und noch weiter vorn im Licht silbrig-wäßrig. Auf diese Stelle weit vorn fährt er zu, ohne ihr näher zu kommen, dieser glatten und kalten Stelle, und sie fürchtet, er wird sie nie erreichen.

Redfield fährt rechts ran, damit sie in der dünnen Luft noch etwas überziehen können. Auf den Bergen liegt Schnee. Wieder auf der Erde zu stehen, so weit oben, man kennt sich selbst gar nicht mehr. Die Höhe nimmt einem die Luft. Eine Hand schließt sich ums Herz. Er atmet tief, hat Mühe, die Lederkleidung, die Regenmontur herauszuholen. Sie ziehen sich mehrere Schichten Kleider über, einen Arm nach dem anderen, ein Bein nach dem anderen.

Er hält so lange aus, wie er kann, dann fängt er an zu weinen. Tränen laufen über seine kalten roten Wangen, benetzen sein Gesicht.

«Was ist los?» schreit sie.

«Ich muß pissen», brüllt er zurück, «jetzt, wo ich das ganze Zeug anhab.»

Zitternd steigt er über die Leitplanke. Steifbeinig macht er drei Schritte und verschwindet aus dem Blickfeld. Er rutscht einen Hang hinunter, rupft dabei mit den Händen Gras aus.

Juliet kommt nach und hilft ihm auf. Er hat sich in die Hose gemacht, und zum erstenmal sieht sie die roten Flekken. Sie fährt sich mit dem Handrücken übers Gesicht. Redet ihm gut zu und hilft ihm vorsichtig wieder hinauf zur Straße.

Sie fahren weiter Richtung Süden, durch Leadville, Buena Vista, Salida, den Arkansas River zur Linken und die University Mountains zur Rechten. Mount Harvard, Mount Yale, Mount Princeton. Aus diesen Bergen kündigt sich ein Unwetter an, Warmluft bahnt sich einen Weg vom Westen durch den blaugrauen Himmel, der an den Wolkenrändern rauchig wirkt.

In Monte Vista überqueren sie den Rio Grande, und sie spürt sein Wasser. Es schwappt gegen ihren Körper, durchströmt sie, lockt sie. Der Fluß sagt ihr, sie soll ihm folgen, sie soll mitkommen, und zwar schnell.

Was Redfield angeht, der hat sich schon vor geraumer Zeit entschieden.

16

In Antonito halten sie zum Tanken.

Juliet sagt ihm, er soll hinter Tres Piedras die Route 64 nehmen. Sie fahren am Carson Forest entlang nach Süden. Dann kommen sie an die Kreuzung und biegen ab nach Osten, auf eine zweispurige Asphaltstraße, die in der Sonne silbriggrau schimmert. Hinter Taos überqueren sie den Rio Grande noch einmal, und wieder spürt sie sein Ziehen, fester und tiefer, spürt, wie er ihr Inneres nach außen kehrt. Hier schneidet der Fluß eine tiefe Schlucht in die Basaltschichten, in vulkanisches Gestein, das sich vor fünf Millionen Jahren als flüssige Lava nach Norden ergossen hat. Sie floß und floß, viele Meilen lang, geschmolzenes Feuer. Abgerutschte Felsblöcke. Damals war der Fluß breiter. Jetzt ist er tiefer.

*

Zweihundert Meter über dem Fluß wagt es Redfield bei siebzig Meilen die Stunde, einen Blick hinabzuwerfen.

Er erkennt, daß der Fluß nicht durch die Schlucht fließt. Der Fluß schafft die Schlucht. Das ist eine ganz andere Art, das Leben zu sehen, und Juliet denkt: Ich werde handeln. Ich werde handeln. Ich werde was tun. Sie hat keine Ahnung, was, aber der Gedanke durchfährt sie, macht ihre Arme, Hände und Beine stark. Sie lehnt sich zurück und legt die Fersen auf seine Schenkel, ist wieder in dem Land, wo die dunkelroten Chilischoten in der Sonne trocknen.

*

Nachdem das Baby geboren war, mietete sich Juliet ein Auto und fuhr nach Taos. Sie versuchte vor ihrem alten Leben davonzulaufen, dachte, das Licht dort, von dem sie soviel gehört hatte, könne sie irgendwie blenden. Mit Künstlern zusammensein. Asketisch leben. Doch dann kam sie sich töricht vor. Die Kolonie, die sie erwartet hatte, gab es nicht. Es war szenig-schick, wie Newport oder Saratoga, wie Charlottesville vielleicht. Es war wie auf den Keys.

Eine Zeitlang ginge das. Sie hätte auf ausgeflippt machen, Performance-Künstlerin sein, sich den Kopf kahl rasieren oder sich wenigstens das Haar mit einem Messer stutzen und mit starkem Akzent reden können, hätte die ausgetickte Europäerin spielen können. Sie hätte eine hippe Kulturhure auf der Höhe ihrer Zeit sein können und ihren Schmerz als Affektiertheit vor sich hertragen, als Kellnerin. Aber sie hatte es nur einen Tag dort ausgehalten, und jetzt ist sie wieder hier und bildet sich ein, ihre Stärke wachse wie ein Berg.

Redfield fragt sich, wo er hier ist. Sie parken am Paso Del Norte. Und wo er schon dabei ist, fragt er sich weiter, wo er eigentlich sein sollte. Vielleicht am College? Vielleicht in der Summer School, um die verlorene Zeit wettzumachen. *Mach dir keine Sorgen, Vater – sieh's mal so. Denk an all die Schulen, aus denen ich nicht abgehauen bin.* Juliet ist in einem Schnellrestaurant, holt etwas zu essen. Auf der anderen Straßenseite stehen Leute um einen Rolls-Royce Silver Spirit II, in dem eine Frau sitzt. Sie hat einen karamelfarbenen Teint, schwarze Haare, schwarze Augen, und der Rolls-Royce ist milchweiß. Sie hat ihn beim Bingo-Spiel gewonnen. Er ist hundertvierzigtausend Dollar wert. Sie hat Glückspennies zum Abdecken der Zahlen benutzt.

Juliet kommt mit Kaffee und süßen Brötchen. Sie trägt eine schwarze Baseballmütze, auf der eine Krone und darum Hammer und Sichel in Rot abgebildet sind. Redfield erzählt ihr, was er von dem Gespräch auf der anderen Straßenseite mitbekommen hat.

«Toll», sagt Juliet, «so ein Glückskind.»

«Klar», sagt Redfield, «ein Glückskind.»

Er fängt an zu lächeln und fröhlich zu sein. Bis dahin hatte er dazu keine Meinung gehabt, aber jetzt hat er eine, die Frau ist tatsächlich ein Glückskind.

«Weißt du», fängt er an, «mir ist was eingefallen. Also, manchmal, wenn ich irgendwo sein muß. Da schreib ich mir 'ne Uhrzeit auf, und dann vergeß ich, ob es die Zeit ist, zu der ich dort sein soll, oder die Zeit, zu der ich los muß, um rechtzeitig hinzukommen.»

«Na, denk doch einfach immer, es ist die Zeit, wenn du dasein mußt, dann kommst du nie zu spät.»

«Das ist gut, Juliet. Ich wußte, dir würde was einfallen. Ich hab's einfach gewußt. Also, was machen wir, wenn wir ankommen?»

Sie sieht weg, stößt einen tiefen Seufzer aus. Er ißt noch ein paar Brötchen und verbrennt sich mit dem Kaffee den Mund. Seit seinem Sturz in Colorado ist er vorsichtiger geworden. Er ist sich sicher, daß es seinem Vater gutgeht, und hätte gern, daß er hier wäre, wegen Juliet.

«Juliet», sagt er, «gibst du mir deine Baseballmütze?»

*

Sie fahren zur Stadt hinaus, nehmen die Straße, die in die Berge führt. Sie arbeiten sich durch die Haarnadelkurven nach oben. Sie weiß, wo sie hinwill. Sie zeigt ihm, wo er lang soll, klopft ihm auf den Schenkel, deutet mit den Fingern. Sie fahren hoch bis zur Baumgrenze, wo die Luft schwer ist von Kiefernharz. Einige Berge sind grün. Andere grau. Wieder andere sind blau, und einige stecken in den Wolken. Längs der Straße wachsen Rudbeckien, ganze Büschel von handtellergroßen Blüten.

Sie kommen durch Truchas. Hochgelegene Bergfriedhöfe, von Palisadenzäunen umgeben, mit einer Fülle von Blumen, Bändern und verzierten Kruzifixen übersät. Mesas, Tafelberge, und Arroyos, trockene Flußbetten. Dies ist das Land der Penitentes, der Ordensmänner, die sich selbst ans Kreuz nageln.

Basalt- und Sandsteinblöcke, große Felsinseln, vereinzelte Obsidianbrocken. Offenes Weideland. Ab und zu ein Weidezaun, ein hölzerner Aquädukt, ein Getreidefeld, ein paar Pferde, ein verrosteter Pickup. Egal was es ist, alles wirkt so winzig, so unbedeutend in diesem von einem Vulkan ausgespuckten Land, diesem offenen Land, das ohnehin schon soviel Himmel trägt.

In Chimayo steht eine Kirche, dreißig mal zehn Meter, mit Mauern, die einen Meter dick sind. Das Schiff ist nicht unterteilt. In einer Kammer links vom Hauptaltar ist eine Grube, und die Erde darin hat starke Heilkräfte. Sie kann Rheumatismus, Trauer, Halsschmerzen und Lähmungen heilen und ist besonders nützlich während der Geburt.

Die Pilger nehmen die Erde in kleinen Fläschchen und Taschentüchern mit. Sie lassen Krücken, Stöcke und Prothesen zurück, Holzbeine und Plastikhände. Sie legen Blumen, Kerzen, Ausweise und Fotos für die Santos hin. Für Santiago lassen sie Zaumzeug, Reitpeitschen und Sombreros da. Auch Kinderschuhe lassen sie da, denn Santo Niño, das Heilige Kind, reist in der Nacht durchs Land und wetzt die eigenen ab.

Sie gibt ihm ein Zeichen, daß er anhalten soll. Er stellt den Motor aus und lauscht seinem Ticken. Er riecht die Abgase all derer, die diesen Aufstieg zum Santuario del Chimayo gemacht haben. Sie sagt, er soll auf sie warten, bis sie aus der Kirche zurückkommt. Dahinter ist eine Außenkapelle mit Steinbänken und einem steinernen Altar.

Sie geht hinein, und plötzlich ist Stille um sie. Sie setzt sich eine Weile hin, läßt den Frieden durch ihren Körper strömen. Sie wird so lange hierbleiben, bis es an der Zeit scheint zu gehen. Sie wird die Männer, Frauen und Kinder beobachten. Sie wird auf der Bank hin und her rutschen, es sich bequem machen, zu beten versuchen, und dann wird sie in die Sakristei gehen, in den Heilraum, und sich mit der Tonerde aus der kleinen Grube betupfen, etwas in einem Taschentuch mitnehmen und Gelübde ablegen, aber jetzt noch nicht. Erst mal noch nicht.

An Leona's Lunch Stand kauft er Burritos und eine Pepsi und geht wieder zurück zu den Bänken. Ein kleiner Fluß, der Rio Santa Cruz, umströmt im Halbkreis die Kirche, und dahinter liegt die gelbbraune Bergkette der Sangre de Cristo Mountains. Redfield setzt sich und fängt an zu essen.

«Ich will schnell sein und frei, frell und schnei», sagt er.

Und dann setzt er die Ohrhörer auf, stellt das Radio zwischen zwei Sendern ein, legt sich hin und döst im kühlen Schatten, zu den Geräuschen der atmosphärischen Störungen, mit auf der Brust gekreuzten Händen, schläft den Schlaf eines Toten, der darauf wartet, daß man ihm zwei Münzen auf die Augen legt. Er wartet auf sie, weit weg von den Hausierern, die Bultos, geschnitzte Heilige, und Retablos, gemalte Heilige, verkaufen. Weit weg von den Kruzifixen, Calaveras, Medaillen, Milagros, Ansichtskarten und Texten.

«Wir sind zwei Vögel im Wind», sagt sie.

Redfield denkt: Ja, so ruhig wie die Erinnerung, ein schneller und ein toter.

«Ich hab lange über uns nachgedacht», meint er.

«Ray, ich kann nicht länger mit dir spielen.»

Er schrickt aus dem Schlaf hoch und sieht, daß sie neben ihm sitzt. Er denkt: Das könnte immer noch ein Traum sein. Atmen, sagt er zu sich. Versucht, seine Kehle zu öffnen und den Worten einen Weg zu bahnen.

«Ich hab lange über Flüsse nachgedacht», sagt er dann. «Connecticut, Susquehanna, Canada, Mississippi, Seneca, Rio Grande, Clinch, Vermillion, Green, Pecos, Colorado. Würdest du dir das Haar bis zum Hintern wachsen lassen, wenn ich dich darum bitte? Für mich. Wenn ich sagen würde: Für mich. Weißt du, ich hab das Gefühl, Wasser zu treten.»

«Es muß sich was ändern», sagt sie.

«Ich will die Bombe sehen», sagt er, und sie meint, es sei okay, er kann die Bombe sehen.

Sie hält ihm einen Zweig Sagebrush vors Gesicht und sagt, er soll tief einatmen.

Weiter unten an der Straße halten sie an, und sie kauft eine indianische Decke. Sie deutet auf einen Faden, der über das Muster hinaus bis zur dunklen Borte geht.

«Sie weben ihn deshalb so in die Decke», erklärt sie, «damit ihre Geister dem Werk entweichen können. Er heißt Geisterfaden. Manche sagen, es ist nur ein Mythos, aber ich glaub daran.»

«Ich glaub, was du glaubst», sagt er.

Hinter Española folgt er der Beschilderung zur Route 30, dem Los Alamos Highway. Wieder geht es bergan, wieder schweben sie durch das changierende Blau, Rot und Ocker, durch Grün und Schattenschwarz. Bis sie sich an die Farbe der Dinge gewöhnt haben, sind sie schon wieder etwas anderes geworden, etwas, das nie wieder so sein wird, weggewischt von Sekunden des Schattens und kaum wahrnehmbarem Wachstum, wettergegerbter Fels und Wind, der Sand und Tuff Partikel für Partikel immer neu gestaltet. Wir gehören nicht hierher, denkt sie, nicht auf diese Erde.

Anstieg durch die Vegetationszonen: von Kreosot und Yucca zu Zitterpappel und Fichte. Haarnadelkurven und lange Geraden, wie beim Flipperspiel, wie in der Berg-und-Tal-Bahn. Nach einer Weile können sie weit vor sich durch den Canyon Los Alamos sehen, hohe Mesa, hohen Fels. Es ist später Nachmittag, und sie fahren dem Feierabendverkehr aus der Stadt entgegen. Ganz oben auf dem Plateau sind ein Spielplatz und Parkbänke und ein Schild, auf dem steht: GRÜNE WÄLDER BIETEN MEHR.

«Mehr wovon», brüllt Redfield. «Mehr wovon.»

«Ist doch egal», sagt Juliet, aber der Wind schneidet ihr die Worte ab.

Sie sehen Häuser und Straßenlaternen, Hecken und Tennisplätze, die Trinity Bakery, die Oppenheimer Street, Gelbkiefern, die schon viel gesehen haben. Kirchen, Kirchen und noch mal Kirchen.

An einer Ampel sagt Redfield: «Sieh mal, Juliet. Noch 'ne tolle Frau. Mit großen Titten und so. Diese geballte Energie muß sie anziehen. Vielleicht liegt's an der Höhe. Läßt ihre Brüste anschwellen. Vielleicht auch an der Radioaktivität. Ich brenne drauf, die Bombe zu sehen.»

«Ich glaub, du hast recht. Ich spür meine auch wachsen.»

«Noch eine. Schau hin.»

«Na, die ist aber wirklich nichts Besonderes.»

Neben ihnen in einem geparkten Kabrio sitzt ein Pärchen und hört ihnen zu. Was denken die beiden? Sie denken: Total ausgeflippt, die zwei, komisch, die waren bestimmt eingesperrt oder gehören eingesperrt. Ganz normal, so zu denken.

*

Redfield will die Führung mitmachen. Er setzt seine neue Baseballmütze auf, und sie gehen hinein. Eine High-Tech-Tour. Die Leute sitzen vor einem Monitor, lauschen Worten und Musik, sprechen die Worte lautlos nach. Es gibt Atombombenspielzeug und Comics: *Wie Dagwood das Atom spaltet.* Die Besucher haben Gürteltaschen und Plastiketuis in den Brusttaschen. Sie tragen Brillen und haben Taschenrechner, Bleistifte und Kugelschreiber. Alles in allem sind es große, aufmerksame Menschen weißer Hautfarbe.

Juliet verliert ihn im Labyrinth der Ausstellung. Sie läuft zwischen den Wänden aus blauem Kunststoff und grauen Faserplatten umher. Drück auf einen Knopf, und der Monitor erwacht flackernd zum Leben. Zahlen, Symbole, Kreise, Ellipsen und schwebende Punkte übertragen die Information.

Da ist Little Boy. Sieht aus wie ein Fisch, der seine Nahrung am Meeresgrund sucht, behäbig und gutmütig. Das braucht man in diesem Leben. *Die Detonation einer Atombombe erfolgt, wenn zwei unterkritische Massen spaltbaren Materials extrem rasch zusammengebracht werden. Bei der daraus resultierenden Explosion entstehen eine Druckwelle, große Hitzestrahlung sowie intensive Neutronen- und Gammastrahlung.*

Irgendwie gut, denkt sie. Das muß ich Redfield sagen, wenn ich ihn finde… wenn ich dran denke, wenn ich nicht in Panik ausbreche.

Doch die Panik kommt. Sie spürt, wie sie aus ihren Eingeweiden hochsteigt und ihr kalt über die Rippen streicht. Ihr Atem wird schneller, die Handflächen sind feucht. Das ist Panik, denkt sie. Panik wegen der Höhe. Ich weiß es. Ich weiß es längst. Wenn ich es weiß, warum macht es mich dann fertig? Sie verflucht Redfield. Wo ist er? Wenn ich ihn finde, bring ich ihn um.

Sie sucht noch immer nach Redfield, kann ihn aber nicht finden. Sie behält eine Hand in der Tasche, umklammert einen Lederbeutel, den sie immer dabei hat. Ihre verschwitzte Hand läßt den Beutel naß und dick werden. Sie gerät in eine Filmvorführung, doch das Bild ist unscharf. Ton und Bild sind nicht synchron. Sie neigt sich zur Seite, hält den Kopf schief, versucht, mehr als nur eine mit Licht bestrahlte Fläche zu sehen.

Sie kämpft sich wieder zum Ausgang durch. Im Gästebuch bei der Tür sieht sie, was er hingekritzelt hat: Scheiß auf Dagwood, scheiß auf Blondi, und als sie draußen ist, hört sie, wie er die Harley hochdreht. Die Maschine dröhnt in der dünnen, heißen Luft, ruft sie, und er sitzt darauf, über den Lenker gebeugt, die Baseballmütze falsch herum auf dem Kopf. Sie rennt zu ihm und steigt hinten auf, hat gerade noch Zeit, die Arme um seine Hüfte zu schlingen, und schon rasen sie auf das Tor zu, hinaus auf die engen Bergstraßen.

Route 502, weil sie nach oben führt. Sie schlägt ihm auf den Rücken, schreit ihm zu, er soll langsamer fahren, sagt ihm, er wird sie noch beide umbringen.

«Ich muß weg von hier», ruft er zurück. «So schnell wie möglich.»

Sie sehen ein Schild: GEFÄHRLICHER GÜTERTRANSPORT. Hohe, dürre Kiefern. Wildwechsel. Sie weiß, sie kann nichts tun. Sie betet zu Gott.

Die Straße hört auf, und er läßt die Reifen blockieren, hält das springende Vorderrad in einer Linie mit dem wegziehenden Hinterrad. Sie schlägt ihm aufs rechte Bein. Er zieht nach rechts, fährt einen heißen Reifen, immer weiter hoch, kriegt jedesmal knapp die scharfen Kurven. Ein Schild: 15 MPH – SCHOTTER AUF DER FAHRBAHN, aber er bremst nicht ab. Über ihre linke Schulter kann sie ewig weit sehen. Ewig weit: Berge, Täler, Baumwipfel. Sie sieht von Washington D.C. bis Baltimore oder vielleicht von Chicago bis Milwaukee, von Boston bis Hartford, von der Erde bis hoch zur Sonne.

Sie sind in den dunklen, blaugrünen Jemez Mountains, dreitausend Meter hoch, fahren am Abhang zur Valle Grande Caldera entlang, deren Inneres sie stundenlang durchquert haben.

Schließlich bringen drei Mädchen in einem kleinen Sportwagen, die einen Platten haben, sie zum Halten. Er fährt an ihnen vorbei, dann rechts ran und sagt zu Juliet:

«Rad ab. Oder unter die Räder gekommen? Was meinst du?»

«Quatsch nicht, hilf ihnen», gibt sie zurück und lehnt sich ans Gepäck, legt die Stiefel auf die Armaturen. Jetzt ist es okay, denkt sie.

Redfield hilft den Mädchen beim Reifenwechsel. Eine trägt ein Batikkleid, eine ein rosafarbenes, die dritte ein schwarzes Kleid. Jedesmal wenn sie sich vorbeugen, sieht er ihnen in den Ausschnitt. Jedesmal wenn er ihnen in den Ausschnitt sieht, schaut er hinüber zu Juliet. Sie beobachtet ihn.

«Ist das deine Freundin?» fragt die im Batikkleid.

Redfields Gehirn kämpft mit den Worten *Freundin, Frau, Mutter, Cousine, Schwester, Mädchen*. Es sucht weiter, während er spricht.

«Ich weiß nicht», sagt er. «Wir kommen grad von da, wo sie die Bombe gebaut haben.»

Die Mädchen kichern.

«Was ist daran so witzig?» will er wissen.

«Dein Gesichtsausdruck», sagt die in Rosa. «Du hast richtig überlegen müssen. Ich wette, sie ist deine Freundin.»

«Klar», sagt Redfield und nimmt die Radmuttern in die Hand. «So was ähnliches.»

«Wo fahrt ihr hin?» fragt die in Schwarz.

«Weiß nicht. Wir sind einfach unterwegs. Fahren rum.»

«Seid ihr aus Philadelphia?» fragt die im Batikkleid. «Ihr habt ein PA-Nummernschild. Ich bin aus Philadelphia.»

«Nein. Aber euer Frischkäse ist gut.»

Die Mädchen kichern noch ein bißchen, und er merkt, es ist ein freundliches Lachen, sie finden ihn witzig. Nicht das, was er sagt, sondern ihn. Einen Augenblick lang überlegt er, ob er die Radmuttern ins Gebüsch werfen soll. Erinnert sich an eine alte Geschichte, die ihm sein Vater mal erzählt hat, von einem Typen, dem die Radmuttern in den Gully neben dem Irrenhaus gekullert sind. Aus einem der vergitterten Fenster hört er eine Stimme: Nimm von jedem Rad eine Mutter, damit kommst du bis zur nächsten Tankstelle. Super Idee, sagt der Typ. Die Stimme meint: Ich mag verrückt sein, aber dumm bin ich nicht.

Redfield fragt sich, ob die Mädchen auch auf so was kommen würden. Fragt sich, ob ihre Väter ihnen solche Geschichten erzählt haben, für den Fall, daß ihnen so was auch mal passiert, daß sie ihre Radmuttern verlieren oder verrückt werden oder daß ihnen ein Verrückter die Reifen wechselt.

«Sie ist sehr hübsch», sagt die in Schwarz. «Deine Freundin.»

Redfield winkt sie näher. Sie machen ein paar Schritte auf ihn zu. Er winkt sie noch näher zu sich, und sie beugen sich vor.

«Sie ist meine Cousine», sagt er. «Sie hat ihr Kind in Albuquerque zur Adoption freigegeben, und wir werden es uns zurückholen.»

«Blödsinn», sagt die in Rosa.

«Doch. Das stimmt.»

«Wirklich?»

«Ja. Wir haben auch miteinander geschlafen, in Utah, aber das Kind ist nicht von mir. Ist das schlimm?»

«Ich weiß nicht», sagt die im Batikkleid.

«Seid ihr Lehrerinnen oder Studentinnen oder Krankenschwestern oder so was? Nonnen seid ihr jedenfalls nicht.»

«Nein. Wir sind einfach Freundinnen. Wir fahren auch nur so rum. Halt Touristen», sagt die in Rosa.

«Seid vorsichtig», rät Redfield, dreht die Muttern rein und zieht sie mit dem Kreuzschlüssel fest. «Seid vorsichtig.»

Er sagt ihnen, sie sollen sein Geheimnis bewahren und lernen, weise Entscheidungen zu fällen. Er fragt die im Batikkleid, ob sie was zum Rauchen oder Speed dabei hat. Pharmaka?

«Nein», sagt die, «ich seh nur so aus. Was für eine Bombe meinst du eigentlich?»

Er rückt die Baseballmütze zurecht und zuckt die Schultern.

«So 'ne Bombe halt», sagt er und verabschiedet sich.

Er geht zurück zu Juliet, die ihn anlächelt.

«Das mußte ich einfach tun», sagt er, «den Guten Samariter spielen.»

«Ach, du bist nur ein Kind, das versucht, mit Gott ins reine zu kommen, weil du Angst vor der Atombombe hast.»

«Ja, kann sein.»

Hohes Land. Immer höher. Sie halten und ziehen sich wärmer an. Das Land wird grün, und im Osten sind Regenflecken, wo die Wolken sich an den Bergspitzen aufgerissen haben. Im Westen eine in Sonne gebadete Mesa. Sie fahren auf der Route 4, um den Abhang zur Valle Grande Caldera herum, um fast fünfhundert Quadratkilometer grüner Wiese. Sie ist das Ergebnis von fünf Vulkanausbrüchen vor einer Million Jahren.

Die Geschichte geht so: Es war einmal ein Vulkan hier, die größte Vulkanerhebung des Kontinents, achttausend Meter hoch. Der Krater hatte einen Durchmesser von fünfzehn Kilometern und war über einen Kilometer tief. Die ersten Explosionen erzeugten Seitenausbrüche nach Norden und Osten. Tonnenweise ergoß sich geschmolzenes Felsgestein gen Himmel, und bis hin nach Oklahoma und Kansas wurde das Land mit Ascheregen überzogen. Weitere Eruptionen schleuderten Brocken verbrannten Gesteins über tausend Meter auf die umgebenden Plateaus. Hundert Kubikkilometer Lava ergossen sich in die Luft, bis schließlich die Kraterspitze zusammenbrach und der Berg sich selbst zerstörte. Jetzt ist die Bergspitze ein neunundzwanzig Kilometer langes Tal, und die Jemez Mountains bilden seinen Rand. Tannen und Zitterpappeln wachsen dort in der dünnen, trockenen, sauberen Luft. Hier war die Erde selbst am Werk gewesen, kein menschliches Wesen hätte so etwas je zustande gebracht. Es war kein langsamer Vorgang, nicht wie das Vorrücken eines Gletschers, nicht wie das Abschleifen durch Wind und Wasser. Es muß ein Wahnsinnsanblick gewesen sein. Etwas, wofür man all sein Hab und Gut gegeben hätte.

Hier halten sie an und bleiben eine Weile, wissen, daß sie sich an einem besonderen Ort befinden.

Juliet sagt ihm, sie will zurück und ihr Kind holen, was Redfield sich schon gedacht hat. Rasch überzieht Dunkelheit das heilige Land New Mexico, das Land, in dem die Vorfahren der Pueblo-Indianer in schwalbennestähnlichen Felshöhlen lebten.

Redfield sagt nichts. Er läßt sie sich ausreden, bis sie ein bißchen weint. Dann drückt er sie so fest an sich, daß kein Licht mehr zwischen sie fällt.

«Ich bring dich hin», sagt er, und schon sind sie wieder unterwegs, die Berge hinab, bergab den Jemez River entlang, der sich durch die tiefen Felsschluchten gräbt. Die Erde wird rot, und langsam tauchen vereinzelt wieder Häuser auf. Wacholder und Pinyon-Kiefern, kleine Getreidefelder, Bohnen und Squash.

17

Dünnes Zwielicht breitet sich aus, verliert, als die Schatten länger werden und ineinanderfließen, seinen milchigen Schimmer an die Nacht. Neue Ströme verlaufen durchs Leben. Juliet fällt auf, wie lange es hell bleibt. Die Tage werden allmählich kürzer.

In der Ferne verfärben sich die Sandia Mountains rosa. Aus den Bergen kommen Schwarzbären bis herunter an den Highway. Ein kurzer Blick auf das Dickicht am Ufer des Rio Grande, der sich in sanften Kurven durchs Tal schlängelt und später die Grenze zu Mexiko bildet.

Unter dem Fluß, unter den leuchtenden Blüten von Tamarisken und Ölweiden und den Kätzchen der Balsampappeln, unter dem ausgekühlten, heiß-flüssigen Granit der Sandia Mountains, den abfallenden Tuff-Formationen der Jemez-Mountains, unter Ampfer, Klee, Brunnenkresse, Chili, Wegekuckuck, Bullennatter, Schwarzer Witwe und Einsiedlerdrossel, unter Lehmziegelhütten und Kaminen der Backöfen, unter Asphalt und Zement, unter den Umspannwerken von Albuquerque liegt der Süßwasserozean, das Grundwasserbecken, die Mutter allen Wassers.

Sie fahren die Wassergraben entlang, auf den staubigen Straßen von Corrales. Sie sind am Ende einer Reise, einer langen Fahrt, und egal, wie weit sie waren, irgendwie ist es ein bißchen wie Nach-Hause-Kommen, denn hier hat ihre Reise angefangen, über diesem Wüstenmeer.

An der Tür hängt ein Zettel. Darauf steht, daß die Schlösser ausgewechselt wurden. *Wir haben eine Alarmanlage einbauen lassen. Deine Sachen sind drin. Ruf mich an, und ich werde dafür sorgen, daß Du sie abholen kannst.*

An der Tür hängt ein Pappschild. PINKERTON SECURITY AND INVESTIGATION.

Redfield ist von den Socken. Er reißt das FOR SALE-Schild aus dem Boden und schleudert es durch das große Fenster. Sie warten darauf, daß eine Sirene ertönt, daß es hupt und klingelt, doch nichts passiert. Er schrammt mit der Stange des Schildes am Fensterrahmen entlang, hilft Juliet hindurch und steigt dann hinter ihr ein, schneidet sich dabei an einem Glassplitter, der noch im Rahmen hängengeblieben ist, in den Schenkel.

«Nimm nur mit, was du brauchst», sagt er und hält sich mit der Hand das Bein.

Sie schaut auf ihren zerlegten Tisch, auf die mit weißen Laken bedeckten Möbel. Sie kippt Kisten um, auf denen ihr Name steht, wühlt mit den Fußspitzen in den Sachen herum, findet aber nichts.

Sie geht durch die Hintertür hinaus und setzt sich ins frische Dunkel, in dem die Berge gerade noch zu erkennen sind. Sie fängt an zu weinen, die Tränen rollen ihr langsam hinab zum Mund, wo sie sie schmecken kann. Wind und Salz aus zwei Bundesstaaten, naß geworden wie ein Mundvoll Kupfermünzen. Sie spürt, wie sich ihre guten Vorsätze wieder in Luft auflösen. Sie hatte doch so an sich geglaubt.

Redfield kommt heraus auf die Terrasse, hat das FOR SALE-Schild über der Schulter. Er zerschlägt die Glasscheibe in der Tür hinter sich. Der Klang von zerbrechendem Glas gefällt ihm.

«Ich hab solche Angst», sagt sie, «daß die das letzte schöne Jahr in meinem Leben war.»

«Still. Sei nicht dumm», sagt er und läuft auf der Terrasse hin und her.

«Es ist so herrlich hier. Ich bin sicher, der Berg war heute blau.»

«Vielleicht kommen wir irgendwann zurück.»

Er hebt eine Steinplatte an und zieht eine Plastiktüte mit Texas grit heraus. Lupenreiner Stoff. Er lächelt. Es ist wie ein Gruß des Bösen. Er hebt einen schmiedeeisernen Stuhl hoch, schleudert ihn durch ein anderes Fenster und geht dann wieder hinein, um Kaffee zu machen.

Juliet starrt hinaus auf den Berg, zählt die Vegetationszonen. Grama-Gras und Pinyon-Kiefer, dann Gelbkiefer, dann Douglasie und Zitterpappel, dann Fichte und dann nackter Fels.

Dort oben lebte der Sandia-Mann, der erste Mensch, vor fünfundzwanzigtausend Jahren. Er ging dort hinauf, weil die Dichte der Toposphäre alle dreihundert Meter Höhenunterschied um ein Dreißigstel abnimmt. Gut für eine Hundertfünfzig-Meilen-Aussicht. Es gefiel ihm, so weit sehen, die Erdkrümmung erkennen zu können. Es war sicher dort oben. Er ließ Speerspitzen und bearbeitete Knochen zurück. War ein guter Jäger: Pferde, Bisons, Kamele, Mastodone. Juliet fragt sich, ob der Sandia-Mann ein guter Vater war. Sie fragt sich, ob seine Frau eine gute Mutter war.

Sie rührt sich nicht von ihrem Stuhl, schwebt durch die Nacht. Sie denkt: Erst mal tief durchatmen. Ich werde wie eine Trinkerin, wie eine Süchtige auf dem Entzug sein. Ich werde kleine Schritte tun, immer nur einen kleinen Schritt. Wie Neil Armstrong.

Redfield ist im Haus. Sie kann ihn hören. Er macht Redfield-Lärm: Trampeln und Stampfen, schnelle Stakkato-Geräusche, Metall auf Metall, Holz auf Holz, Knochen auf Knochen. Sie lächelt: Das ist ihr Redfield.

Sie schließt die Augen und greift nach der Decke. Sie faßt in ihre Tasche, tastet nach dem Lederbeutel und drückt ihn an der Unterseite, wo er mit einer Handvoll Erde gefüllt ist, zusammen. In Ägypten gelten die verrückten *Magnīn* manchmal als heilig. Vielleicht könnte sie dorthin gehen, um verrückt zu werden, heilig zu werden. Redfield hätte da keine Probleme. Er ist schon beides.

Er kommt heraus und zieht ihren Tisch hinter sich her. Seine Augen glühen wie Zündflammen, wie Nachbrenner, wie der rote Feuerschein einer Rakete.

Er sagt: «Ich hab flanz gott deinen Tisch zusammengebaut.»

Sie sagt: «Was?»

Er sagt: «Ganz flott.»

Sie sagt: «Verbrenn ihn.»

*

Das Haus ist an den Steilhang gebaut, der den Rio Grande überschaut, vier in die Tiefe gehende Stockwerke aus Zement, Stahl und Glas.

Dabei hat sich der Architekt sicher einen runtergeholt, denkt Redfield. Große Grünfläche mit vielen Bäumen, nennt sich Landschaftsgestaltung. Kamin für gemütliche Winterabende. Tennisplatz, finanzielle Sicherheit, glückliche Herzen um das kleine Sonnenscheinchen. Kosten werden erstattet, ein liebevolles Zuhause, Hingabe, Wärme, Lachen und Bildungschancen.

An der Tür bleibt Redfield hinter Juliet stehen, legt das Kinn auf ihren Kopf. Er wartet darauf, daß sie etwas tut, doch sie tut nichts, also drückt er auf den kleinen Klingelknopf.

Sie hören jemanden kommen, aufschließen, öffnen.

Wie würdest du dich verhalten? Schließlich geht es um deine allergrößte Befürchtung. Würdest du deine guten Manieren vergessen? Hättest du diese Situation vorhergesehen? Wieviel Hingabe, Wärme, Lachen hättest du? Wie wär's mit Erleichterung? Vielleicht würdest du denken: Leck mich, und damit lägst du gar nicht so falsch.

«Habt ihr warmes Bier im Haus?» fragt Redfield. «Ich mag warmes Bier.»

«Ihr habt hier nichts verloren», sagt Rick.

«Sie will ihr Kind stillen.»

«Ich will mein Kind stillen», flüstert Juliet.

«Ihr müßt wieder gehen.»

«Ich kann nicht», sagt sie. «Wenn ich mein Kind nicht kriege, bring ich mich um.»

«Es ist nicht zu fassen», sagt er, als habe er im Grunde darauf gewartet und sei nun erleichtert. «Juliet, sei nicht so theatralisch.»

«Es gibt Sachen, die kann man sich nicht einfach ausdenken», sagt Redfield.

«Wollt ihr Geld?»

«Nein», sagt sie. Sie hat die Fingerknöchel gegen die Zähne gepreßt, und Tränen laufen ihr die Wangen hinab.

«Das verstößt gegen das Gesetz», sagt er. «Du hast deine Entscheidung getroffen. Und jetzt spielst du das trotzige Kind.»

Sie versucht zu sprechen, will ihm sagen, sie habe ihre Meinung geändert, doch sie kann es nicht. Die Worte bleiben ihr im Hals stecken, sie muß sich zwischen Sprechen und Atmen entscheiden und schnauft und keucht.

«Was hast du gesagt?»

Redfield tritt vor Juliet. Seine Rippen schmerzen, als er den Brustkorb anschwellen läßt, die Lederjacke mit ihm füllt, während er auf den Fußballen nach vorn schaukelt. Er will bedrohlich wirken, selbstbewußt, gefährlich.

«Sie sagt, sie hat mehr Angst vor der Sünde als vor dem Gesetz. Außerdem sind wir hier in Amerika, da kriegt jeder eine zweite Chance.»

«Du hast niemanden. Was willst du tun?»

Sie deutet auf Redfield. «Er ist jemand.»

Lorelai ruft von drinnen. Sie ruft nach ihrem Mann. Fragt, wer da ist. Je näher sie kommt, um so lauter werden ihre Worte.

Zuerst sieht sie Redfield und lächelt, weil sie ihn nicht kennt. Vielleicht ist sein Auto kaputt, vielleicht will er was verkaufen, vielleicht ist er der Freund von einem Freund. Sie nimmt das Baby auf den anderen Arm.

Dann sieht sie Juliet. Einen Augenblick lang spürt sie Spannung in sich, dann bricht sie zusammen. Sie spürt, wie ihre Organe absacken, dann folgt der Boden nach. Das Baby in ihrem Arm scheint sich gegen ihren Griff zu wehren, wird bleischwer. Verzweifelt denkt sie an ein Erdbeben oder zumindest an einen Erdrutsch, bei dem ihr Haus in den Rio Grande stürzt. Sie hofft, daß es das ist.

Sie sagt: «Die Milch ist nicht eingeschossen. Wir dachten, sie käme noch, aber sie kam nicht.»

«Tut mir leid», sagt Juliet ruhig.

Sie schüttelt sich die Decke von den Schultern und streckt die Hände vor. Sie sagt: «Komm her, mein kleines Mädchen. Komm zu mir.»

Sie sehen zu, wie sie das Kind nimmt. Sie wiegt es im linken Arm, öffnet den Reißverschluß ihrer Jacke und legt sich das Baby an die nasse Brust, ans Herz. Das Kind schaut Juliet an und fängt an zu saugen.

«Ich wußte, du würdest kommen», sagt Lorelai. «Ich wußte, du würdest kommen.» Sie sagt es immer wieder, wiederholt es, als sie wieder auf den Beinen ist, sagt es, als sie auf dem Stuhl sitzt, sagt es mit auf die Knie gelegtem Kopf zum Boden.

«Wo warst du nur», sagt Juliet immer wieder zu ihrem Kind. «Wo bist du nur gewesen.»

Redfield geht in die Küche, wo Rick auf die Tasten des Telefons haut. Wortlos zieht er das Messer aus der Tasche, läßt es aufschnappen und kappt die Leitung.

«Tu das nicht», sagt er zu Rick, und seine Stimme wird rauh, panisch. Er zittert innerlich. Atmen, denkt er. Tief durchatmen.

«Tu das nicht», sagt er und schiebt Rick zur Spüle, hält das Messer an der Hüfte.

Er spürt, wie er zu Wasser wird, wie ihm Wasser durch die Poren tröpfelt, wie es aus seiner Stirn hervorbricht, den Rücken bis zum Hintern hinabrinnt, und der altbekannte Schmerz in den Knochen kommt wie ein Metronom. Die Küche ist ganz in Weiß, weiße Fliesen, weißes Licht, Neonlicht. Redfield spürt es bis hinter die Augäpfel.

«Willst du mir was *tun*?» sagt Rick, kann sich nicht vorstellen, daß es soweit kommen könnte, kann kaum glauben, daß Menschen immer noch so was tun können.

«Nein», sagt Redfield. «Aber ich will dir was sagen.»

Redfield hebt die linke Hand und sagt Rick, da ist das Zentrum des Herzmeridians. Er sagt ihm, er soll nicht im Sommer vögeln, denn in der Hitze reduziert sich die Zahl der Spermien um hundert Millionen. Er sagt ihm, er soll keine Unterhosen tragen. Er sagt: Mach dir keine Sorgen. Kann jedem passieren. Ist wahrscheinlich nur ein schlechter Traum, den du hast. Ist wahrscheinlich nur ein schlechter Traum, den ich habe. Das Leben ist ein Glücksspiel.

Redfield legt die linke Hand auf die Anrichte, die Handfläche nach oben. Er sieht Rick an und starrt dann auf seine Hand auf den weißen Kacheln. Sie kommt ihm fremd vor, schmutzig und rot, mit weißen Flecken, sich kreuzenden Linien, blauen und violetten Fäden.

Er hebt die rechte Hand hoch über den Kopf. Einen Augenblick, eine kurze Ewigkeit hält er inne, und dann stößt er zu, rammt sich das Messer in die offene Handfläche. Er sieht, wie seine Finger hochschnellen und nach der Klinge greifen. Er gibt keinen Laut von sich. Zuckt zurück und dreht sich sofort wieder zu seiner Hand hin. Als die sich öffnet, blüht eine rote Linie auf und wird zu Tränen. Er denkt: Das ist mein Leben.

«Das wollt ich dir sagen», sagt er mit dünner, bebender Stimme, und die Knie werden ihm weich.

Als Juliet aufsieht, steht er neben ihr.

Er trägt seine Handschuhe und hat die Sonnenbrille aufgesetzt. Er sagt, es ist Zeit zu gehen. Rick steht neben ihm, sein Gesicht ist aschfahl. Er geht zu Lorelai und hält sie fest, hält sie zurück.

«Ich möchte, daß ihr meinen Tisch behaltet. Es ist ein guter Tisch», sagt Juliet, erinnert sich dann aber, daß der Tisch verbrannt ist und fühlt sich elend bei dem Gedanken, wie enttäuscht die beiden sein werden, wenn sie es herausfinden. «Und noch was. Irgendwas stimmt nicht mit eurer Alarmanlage in dem anderen Haus. Sie ist nicht losgegangen.»

«Ich hab nur das Schild gekauft», sagt Rick.

«Geh», sagt Redfield und gibt ihr einen Schubs.

Juliet sagt ihm, sie braucht seine Jacke. Die ist so groß, daß das Baby auch mit hineinpaßt.

«Moment», sagt Lorelai, öffnet einen Schrank neben der Tür und holt eine kleine Reisetasche heraus. Sie gibt sie Juliet und sagt: «Die brauch ich jetzt nicht mehr.»

Rick starrt Lorelai an. Sie steht da, verdreht den Kopf, sieht um sich, als wisse sie nicht, was überhaupt los ist, als sage sie einem alten Freund auf Wiedersehen.

Redfield packt Rick am Arm. Er sagt: «Denk an das, was ich dir gesagt habe», und geht dann hinter Juliet her, der die Decke über der Schulter hängt.

Er geht langsam, hört zu, wie sie besänftigend auf das Baby einredet. Er weiß, daß er mit Blicken verfolgt wird. Seine Hand fühlt sich an wie verbrüht, als seien die Knochen zu Knoten gefesselt. Er will eine Faust machen, schafft es aber nicht. Er hält die Finger leicht gekrümmt, damit er den Lenker halten kann. Sein Handschuh ist naß.

Von hinten hört er Rick rufen: «Glaub bloß nicht, daß du damit durchkommst.»

Er fragt sich, wie lange Rick Angst haben wird. Hoffentlich lang genug. Vielleicht den Rest seines Lebens.

18

Juliet kann über ihrer linken Schulter und etwas dahinter den Sandia Crest sehen. So wird sie ihn noch manche Nacht sehen, lange nachdem sie weg ist. Sie wird ihn sehen, egal wo sie ist. Sie wird ihn sehen, wenn sie den Kopf dreht und über die linke Schulter nach hinten schaut.

Auf der I-25 fahren sie durch Albuquerque, zwischen Lichtklecksen zur Rechten und Linken hindurch, die ihren Abschied begleiten.

Der schmale Schimmer, der jetzt im Osten den Horizont bildet, stammt von den Lichtern der Stadt. In die anderen Richtungen ist der Himmel nicht so hoch, nicht so weit. Die Sterne funkeln durch. Südlich von Albuquerque überqueren sie einen Fluß, wissen aber nicht, welchen.

Er greift nach unten und klopft ihr aufs Bein. Sie weiß warum, denn sie sieht immerzu zurück, und jedesmal, wenn sie sich umdreht, neigt sich das Motorrad ein bißchen. Die Luft riecht nach Sagebrush, nichts als Sagebrush im Wind, nichts als New Mexico an seinen nackten Armen und seiner Brust.

Weiterfahren, denkt Redfield. Einfach weiterfahren. Immer geradeaus. Er spürt, was zwischen ihnen ist, etwas Kleines, Stilles, kaum Merkliches. Es ist eher ein Teil von Juliet als etwas für sich. Er spürt ihre Schenkel an seinen Hüften, so stark, so stark wie nie.

Die Sterne sind über ihnen und unter ihnen. Sie kommen herab auf die Erde in dieser Nacht. Er fragt sich: Was läßt

Wüsten entstehen? Trockenheit. Verdunstung. Die Abwesenheit von Wasser, und diese Abwesenheit schließt seine Anwesenheit aus. Was für ein komischer Gedanke. Ich wünschte, ich hätte eine Knarre. Ich bin ein solcher Idiot.

Alleinsein. Das fürchten wir alle am meisten. Für mich ist es die einfachste Art zu leben.

Stockfinstere Nacht, und er ist auf der längsten Reise seines Lebens. Er freut sich über seine Kopfschmerzen. Sie sind etwas, das er spüren kann. Erinnern ihn an etwas. Beweis für ein Gehirn.

Er spricht laut: Es wär schön, wenn ich wenigstens eine Knarre hätte, aber ich versuche erwachsen zu werden. Meinen Platz in der Gesellschaft einzunehmen. Feuer in mein Herz zu atmen. Dort draußen der vorbeifliegende Fluß, das enge Grün der Täler. Ich trage Verantwortung.

Am Straßenrand steht ein Schild: JESUS RETTET.

«Und ob er das tut», schreit Redfield.

Das Motorrad macht einen Schlenker, und Juliet kneift ihn ins Bein. Sie ist wieder Mutter, das Kind in ihrer Jacke so winzig. Im linken Arm wiegt sie das Baby, mit der rechten Hand hält sie sich an seinem T-Shirt fest. Tränen rinnen an ihren Schläfen nach hinten.

Nach Süden. Belen. Nach Süden. Socorro. Im Dunkeln tanken. Im Osten der Rio Grande und Berge: die Cristobal Range, Jornado del Muerto, Trinity. Nach Süden. Truth or Consequences. Nach Süden. Hatch. Nach Süden. Rincon.

Süden. Süden. Süden. Ein Tankwart mit einem Schnurrbart, der in Koteletten übergeht. Mit einer Sportster in der Garage. Besteht darauf, daß Redfield sie sich ansieht. Autos kommen zur Tankstelle. Eines fährt durch, und sie sehen ihm nach. In einem anderen sitzen zwei Frauen aus Maine, Mutter und Tochter. Sie sind jung und hübsch und haben nackte Arme. Juliet hat sich die Decke umgewickelt, das Baby liegt an der Brust, außer Sicht.

Redfield fragt, ob er etwas Klebeband ausleihen kann, als sei das etwas, das man zurückgibt. Er wickelt es um seinen Handschuh, um das Handgelenk bis hoch zum Arm. Er sagt dem Tankwart, er soll ihm die Hand an den Lenker kleben und einen Finger für die Kupplung frei lassen. Sagt ihm, er sei nie dagewesen. Der Tankwart ist Mitglied der *Banditos*. Er sagt: Die Hölle ist unser Zuhause, hier sind wir nur zu Besuch. Kein Problem.

Juliet sieht zu, merkt erst jetzt, daß er verletzt ist.

«Redfield», sagt sie. «Redfield.»

Er hört ihre Stimme unter dem Helm und sieht im Spiegel, wie sich ihr Gesicht vor Entsetzen verzerrt. Es ist beinahe lustig. Schön und lustig.

Er fragt, wie die Strecke westwärts nach Tucson ist, aber der Tankwart sagt ihm, von da kommt das Wetter. Also fahren sie weiter in Richtung Las Cruces, und dann ist der Himmel auf einmal rosa, mit orangefarbenen Wolkenspiralen. Links von Las Cruces spitz aufragende Berggipfel.

Redfield riecht Kuhmist und frisches Heu. Er sieht Obstgärten. Wo bin ich hier gelandet, fragt er sich im dunkelblauen Morgenlicht. Neben der Interstate grasen Hereford- und Holsteinkühe.

Er schreit nach hinten, und im Wind hört sie *Mikrowellenturm. Autotelefone sind tödlich.*

Die Sonne geht auf. Der smaragdgrüne Wald im Osten ist schon hell, und die Prärie strahlt. Ein Vogel fliegt mit ihnen dahin, nutzt ihren Windschatten. Sie kommen nach Texas, und der Himmel vor ihnen wird schwarz. Etwas weiter ist eine Raststätte, und dort machen sie halt, auf der Suche nach einem Unterschlupf, etwas zu trinken, kostenlosen Karten und Broschüren. Zeit zum Windelwechseln.

Sie halten sich hinter den Lastwagen, außer Sicht. Redfield, noch immer ans Motorrad geklebt, sieht zum erstenmal das Kind an. Er wußte nicht, daß es ein Mädchen ist. Das

Baby hat nur Augen für Juliet, scheint sie zu erkennen, scheint zu versuchen, sich an sie zu erinnern, scheint zu sagen: Mein Herz war so leer, weil du nicht da warst. Halte mich. Füll mein Herz wieder an.

«Deine Hand», sagt Juliet und gibt ihm zu trinken. «Oh, Redfield. Was hast du mit deiner Hand gemacht?»

«Weiter», sagt er, «wir müssen weiter.»

In El Paso sehen sie die gezackten Gipfel der Sierra Madre, die jetzt rosa glühen. Sie sehen hellblaue Trailer. Hier sind die Überreste der Florida Mountains, die Roßbreiten, das Schwanzende der Rocky Mountains, ein rastloses Land, zernarbt und geschunden wegen seiner Erze. In El Paso zu sein ist wie am Rand der Erde zu stehen. Es sieht aus, als würde die Erde gerade erst gemacht, aber das Gegenteil ist der Fall. Sie wird gerade auseinandergenommen.

Jetzt regnet es. Harte, schmutzige Regenböen bringen zur Erde zurück, was Schmelzhütten und Hochöfen in die Luft geblasen haben. Reifen schlürfen den Regen, produzieren Geräusche wie Reißverschlüsse, wie Kreissägen.

«Halt mal irgendwo an», ruft sie.

*

Sie liegen auf den Betten.

Als er aufwacht, schlafen Juliet und das Baby im Nachbarbett noch.

Sie sind auf dem Weg nach Mexiko, in das Land der Papierblumen, das Land der Bibel, wo die Zehn Gebote das Gesetz sind, wo jeder sein Gesetz selbst bestimmen kann.

Seine Hand ist bleischwer.

Sie ist in ein Handtuch mit Eiswürfeln gewickelt, die bereits geschmolzen sind. Sie ist weiß und blau und schwarz, sieht aus wie etwas aus dem Garten, vielleicht eine Aubergine oder ein Kürbis, eine Kartoffel aus Bolivien.

Er sieht das Kind an. Er kann sich nicht daran erinnern,

ein Baby je so genau angesehen zu haben. Juliet und das Kind liegen so still da. Er wartet darauf, daß sie sich bewegen, wartet auf eine kleine Regung, und als nichts passiert, gerät er in Panik und stupst sie an. Sie rühren sich, und er fühlt sich töricht, denkt aber, *man kann nie wissen*.

Plötzlich überkommt ihn ungeheurer Durst, jäh fürchtet er, an Austrocknung zu sterben. Er geht ins Bad und stürzt einen Becher Wasser nach dem anderen in sich hinein. Es fließt ihm über die Zunge und in den Rachen, rinnt die Wangen hinab bis zum Hals, macht ihm die Brust naß. Sein Schmerz erwacht, die Hand, die Rippen, die Knie und sein Schenkel. Er versucht sich daran zu erinnern, wie er sich in den Schenkel geschnitten hat, schafft es aber nicht. Schon schlimm, wenn man nicht mal mehr weiß, wie man sich verletzt hat.

Er sieht in den Spiegel und freut sich, daß er sich wiedererkennt. Er begegnet seinem Blick und gewinnt an Stärke, als er in Licht und Wärme gebadet dasteht.

«Das Böse zähmen», sagt er zum Spiegel, «sich nie aus dem Sattel werfen lassen.»

Als er rauskommt, schlafen die beiden noch immer. Auf der Anrichte liegt ihr Lederbeutel. Zum erstenmal sieht er den Inhalt. Milagros und Fetische. Eine Handvoll Ton, ein Kruzifix, Kristalle, Salbei, Obsidiane scharf wie Rasierklingen, Tonscherben. Ihr Medizinbeutel.

«Mexiko», flüstert er. «Dort ist Platz für uns drei.»

Wieder sieht er auf das schlafende Baby. Es lebt in einer zeitlosen Gegenwart, ohne Vergangenheit oder Zukunft. Es weiß, die Zeit ist nur da, damit nicht alles auf einmal passiert. Ein bißchen wie Redfield selbst, wie er versucht, vor seinem Leben davonzulaufen, und es doch immer mitnimmt.

*

Als Juliet aufwacht, ist es Nacht. Redfield schläft in einem Sessel, mit dem er die Tür verbarrikadiert hat, seine Hand hängt in einem Eimer mit rotem Eiswasser. Er träumt: Ich bin in Pennsylvania losgefahren, um Juliet zu suchen. Ich war dreiundzwanzig, als ich losfuhr, und bin es noch. Werde es immer sein, denn das war die Zeit meines Lebens...

«Wir müssen los», flüstert er, ohne die Augen zu öffnen. Atmen, denkt er, tief durchatmen.

«Ja.»

Schweigend ziehen sie sich an und laden das Gepäck aufs Motorrad. Der Regen ist irgendwo um sie herum, aber hier ist nur die Straße naß. Sie fahren hinunter zum Fluß, fahren unter den Lichtern durch. Luft wie Schwefel. Es ist spätnachts, ganz frühmorgens. So viele Menschen, die sie zurücklassen. Vor sich sieht er den Bogen der Stanton Street Bridge.

«Freiheit für Redfield», sagt er, fingert an der Kupplung und schaltet hoch. «Freiheit für Redfield.»

Sie fahren über die Brücke mit den Zementbanketten, über den Rio Grande, seine linke Hand in blutiger Verschmelzung mit dem Lenker. In den weichen Regen hinein, nach Süden, nach Juárez, wo sie verschwinden. Frei. Endlich frei.